日本経営教育学会編

Nippon Academy of Management Education

経営教育研究

MANAGEMENT DEVELOPMENT

Vol. 11　No. 1

Jan. 2008

特集
プロフェッショナリズムと経営教育

目　次

巻頭言　経営実践学の確立をめざして……………………………………小椋　康宏　i
特集「プロフェッショナリズムと経営教育」によせて……………………森川　信男　ii

特集論文

マネジメント・プロフェッショナルの理念と育成………………………小椋　康宏　1
プロジェクトXを活用したキャリア教育
　―チャレンジ精神の源流をもとに―………………………………佐々木利廣　14
プロフェッショナル志向の高まりとキャリア形成………………………谷内　篤博　29
ものづくり中小企業におけるイノベーション
　―イノベーション支援型企業を中心として―……………………………奥山　雅之　45

研究論文

経営教育学序説―中心的「命題及び仮説」の意義®―………………辻村　宏和　59
管理職への移行における諸問題®………………………………………元山　年弘　72
中国企業におけるコーポレート・ガバナンス原則と有効な企業独自原則の
　本質と課題®………………………………………………………………宣　京哲　85

大会記録
編集後記

MANAGEMENT DEVEROPMENT

VOLUME 11   NUMBER 1   JANUARY 2008

Edited by Nippon Academy of Management Education (NAME)
4-8-4, Iidabashi, Chiyoda-ku, Tokyo

CONTENTS

Foreword	OGURA Yasuhiro	i
Preface	MORIKAWA Nobuo	ii

Professionalism and Management Development

The idea and development of management professionals	OGURA Yasuhiro	1
Career Education using Project X	SASAKI Toshihiro	14
The professional-oriented surge and career formation	YACHI Atsuhiro	29
Innovation in SME of manufacturing: Enterprise that supports making innovation	OKUYAMA Masayuki	45

Articles

An introduction to the managemant-education theory : A meaning of the core proposition & hypothesis	TSUJIMURA Hirokazu	59
Problems of the career transition into managerial job	MOTOYAMA Toshihiro	72
Principles of corporate governance in China and the nature and subject about original principles in Chinese companies	XUAN Jing zhe	85

巻頭言

経営実践学の確立をめざして

会長　小椋　康宏

　新年あけましておめでとうございます。戊子の年を迎え，日本経営教育学会の皆様におかれましては，ますますご壮健でご活躍の御事と拝察いたします。

　さて，このたび日本経営教育学会の機関誌はジャーナル化され，新しい装いを持った機関誌として発刊することになりました。機関誌は年2回発刊されることになっております。学会の全国研究大会の統一論題をベースに，時宜にあったテーマを特集とした研究論文が収録されますので，日本経営教育学会からの社会への発信の迅速性が発揮されるのではないかと思われます。機関誌は，会員による論文の発表機会であり，充実した論文を通して，学会のアイデンティティを高めることになるのではないかと思います。

　今日，21世紀の経営社会は新しい経営課題を提起していますし，経営環境の激変のなかで新しい日本型経営の発信が求められております。日本企業の経営者・管理者の経営実践活動を通じて日本型経営原理が精緻化していく過程は，われわれ経営学を研究し，追求するものにとってきわめて重要なことであると考えております。本学会は実践経営学の方法を標榜して活動を行っておりますが，学会創設者山城章が主張された「経営実践学」の確立は，マネジメントの理論研究はもとより，経営実践の研究を大事にされていたのではないかと考えております。このことは，現在，実・学一体を目指して研究活動を進める経営実践学の必要性につながっているのであります。来年，本学会は創立30周年を迎えます。学会の理念の統一は，新しい学会の方向を見出してくれるのではないかと思います。

　本年が，われわれ会員をはじめ日本経営教育学会にとって新しい展開と発展の年となることを祈念して，会長の挨拶といたします。

　2008年　新春

特集「プロフェッショナリズムと経営教育」によせて

青山学院大学　**森川　信男**

　本特集「プロフェッショナリズムと経営教育」は，昨年春に開催された第55回全国研究大会（於青山学院大学）の統一論題でもあり，すでに議論を積み重ねてきたテーマではあるが，今般，機関誌のジャーナル化にともなう特集企画にあたって，しばらくは直近の統一論題の深耕と浸透から出発することになった。

　「失われた十五年」の永いトンネルを抜けてみると，企業経営の分野においては，あらゆる職能や階層において真のプロフェッショナルが求められる，新しい世界の到来が強く実感されるようになってきた。「プロフェッショナル」はいつの時代にも希求されてきたが，あらゆる業務・分野・領域・部門・階層においてそれぞれ，プロフェッショナリズムを具現化していく必要性に迫られてきているところに，現代プロフェッショナリズムの著しい特徴がある。

　組織はもちろんのこと個人も社会も，さらには都市や国家でさえも，プロフェッショナリズムの浸透なくしては現状を維持することさえも困難な時代に直面してきており，国際化やグローバル化によっていっそう拍車がかかってきている。

　企業はコアコンピタンスとアウトソーシングを通した選択と集中によって熾烈な企業間競争を闘い抜くことを迫られ，個人もまた洗練されたスキルアップと絶え間なきキャリアアップによるキャリアデザインの再構築を迫られている。さらに，社会もまたソーシャル・イノベーションを通した特色ある個性的な社会プランの案出と実施によって，都市間競争や地域間競争に立ち向かうことを強く要請されてきている。

　これまで，たとえばスペシャリストかジェネラリストか，専門職か総合職か，一般職か総合職かなどについて大きな関心が払われてきたが，環境変化の激しい昨今，企業経営において最も希求されている人材は，スペシャリストでありジェネラリストである。すなわち，現代社会においては，以前の「一型やⅠ型」人間から「Ｔ型やπ型」人間，さらには「Ｖ型やＷ型」人間へと，広範かつ高度な知識と経験を有する人材の育成が必要不可欠な状況が現出してきている。

　こうした状況下にある今日，改めてプロフェッショナリズムと経営教育について深く考察することは，企業経営と経営教育研究においてきわめて大きな意味がある。

マネジメント・プロフェッショナルの理念と育成

東洋大学　小椋　康宏

> **キーワード**
> マネジメント・プロフェッショナル　経営教育　経営者　管理者　経営能力育成
> 経営創造

1　問題の所在

　マネジメント・プロフェッショナルは，経営体を指導するプロフェッショナルとしての経営者・管理者のことである。20世紀に生成し，展開してきたアメリカ経営学は，その中心的研究課題をマネジメント（management）の研究においてきたといえる。経営学の基礎をつくったテイラー（Taylor, F. W.），フォード（Ford, H.）およびバーナード（Barnard, C.）らは，いずれも経営実践家であった。その後第2次世界大戦後の経営研究においても，経営実践家が果たした役割は大きい。日本経営教育学会創設者山城章（1908-1993）が主張したように，理念として取り上げる経営体は，いずれもプロフェッショナルの集団として考え，経営体の経営実践活動を経営学の研究対象としたのである。

　経営体そのものは，三つの階層に分かれる。それは，経営層・管理層・作業層である。経営の機能分析としては，経営・管理・作業に対応し，その担当機関は，それぞれ経営者・管理者・作業者ということになる。この三つの機関は，プロフェッショナルであり，経営と管理はマネジメントを示し，作業は経営体で必要とされるすべての仕事を表している。作業階層では，財務，人事・労務，購買・生産・販売等を意味する。このようにして，経営体のなかで仕事をするそれぞれの担当者はその理念としてすべてがその道の専門家であり，プロフェッショナルである。したがって，経営体は，各プロフェッショナルが活動する集団であり，経営体の経営実践は，プロフェッショナリズムにもとづくものであるといってよい。

　マネジメント・プロフェッショナルは，経営体におけるマネジメント機能を担当する経営者・管理者がプロフェッショナルであることを意味する。

さて，今日の日本企業の経営者・管理者をみてみると，経営意思決定のなかで，いくつかの点において以前のものとは異なるものと依然として変わらないものとがある。21世紀に入って，経営者の不祥事が相次ぐなかであらためてマネジメント・プロフェッショナルとは何かを基本にかえって検討する必要があると考えられる。本稿では，マネジメント・プロフェッショナルの理念と育成にしぼって検討することにしたい。

2 マネジメント・プロフェッショナルの理念

マネジメント・プロフェッショナルは経営者および管理者が専門家であることを意味している。通常，プロフェッショナルという場合はこのマネジメント・プロフェッショナルに加えて，作業階層で執行されるすべての職能（仕事）に関係する専門家を含むと考えられる。経営体の行動原理を考える場合，経営体に参加する構成メンバーが経営・管理・作業のいずれの階層にあっても，すべてのメンバーが専門家であることを意味している。

2.1 山城章のマネジメント・プロフェッショナル論

山城章の経営実践学の方法は，図表1によって示される。山城が提唱したKAEの原理は次のような体系である。

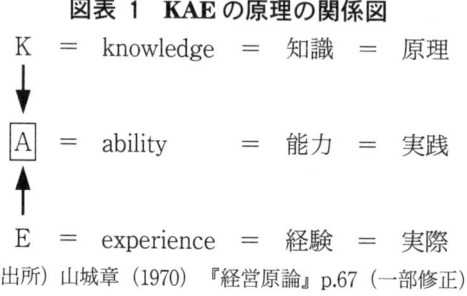

図表1 KAEの原理の関係図

（出所）山城章（1970）『経営原論』p.67（一部修正）

ここでのKはknowledge，知識であり，Aはability，能力であり，Eはexperience，経験であり，この三者の統一された研究方法が経営実践学を意味するのである。このようにして，KAEはKとEを基盤とし，さらにAを啓発するという研究を含むのである。つまりKAEのAという経営実践学を主軸とした経営研究を狙うところから，経営実践学と呼ばれることになる。

山城の経営実践学の方法によれば，「経営道」としての経営学であり，そこにおける経営道としての経営学は経営者・管理者をプロフェッショナルとして養成する方法を考えている。また経営実践学においては，経営の行為主体の行為的実践が研究課題となっており，その研究方

法の立場では，経営実践の主体者である経営者・管理者の能力開発が重要な課題であり，経営教育が実践されることになる。経営実践学では，知識を原理と呼び，経営者・管理者の経営実践における行動指針としてその原理が拠り所となっている。経営者はこの原理と実際とを比較・検討しながら主体的立場からプロフェッショナルとして経営実践するのである。

山城は経営実践学の課題として，経営者・管理者の能力育成を特に強く主張する。このような能力育成は「経営教育」であり，山城によれば，「経営学は経営教育の学である」ことになる。山城は次のように経営能力の開発について，全人的な啓発を主張する（山城，1982：25）。

「経営実践の主体者の経営能力の開発は，単なる知識の教育や，また実際家のスキル訓練などの訓練にとどまるものでなく，これらK・Eを原理とし，また基礎としつつ，もっと全人的に啓発される。その方法には，いまだかたまった型はない。むしろ型が決められてはならない。全人的な『人間くささ』のある全人的な能力育成には，限りなく色々な方法がありうるし，人と場とによって異なるものでさえあろう。人とは，育成・教育をうける人と，これらの能力を高める側の人の両方の教育がある。またその人の能力度合によっても，能力の高い人の方法と低位の人の方法とでも啓発は異なるのである。」

経営実践学では，知識を原理（principles）と呼び，経営者・管理者の経営実践における行動指針（action guide）として，その原理が拠り所とされる。経営者はこの原理と実際とを比較・検討しながら，主体的立場からプロフェッショナルとして経営実践するのである。マネジメント・プロフェッショナルである経営者・管理者は，経営体を経営原理の理念にもとづいて経営実践する推進者であるといえる。

2.2 ドラッカーのマネジメント・プロフェッショナル論

マネジメント・プロフェッショナルの理念を考える場合，ドラッカー（Drucker, P. F.；1909-2005）の一連の経営学研究を学ぶ必要がある。ドラッカーはマネジメントに関し，数多くの著作を発表した。ドラッカーのマネジメントに関する研究のなかで，マネジメント・プロフェッショナルに論及していたものから一つ取り上げたい。

ドラッカーはプロフェッショナル・マネジャーの行動原理について，ゼネラル・エレクトリック社のかつてCEOであったジャック・ウェルチ（Jack Welch, J. F.）の経営実践の理念を取り上げ，次のように述べている（ドラッカー，2006：683）。

「有能な経営者は，自分がいちばん得意とする仕事に集中する。彼らは，トップ・マネジメントが業績を高めない限り，企業の業績も上向くことはないと知っている。

有能な経営者の二番目の習慣は，この意思決定や行動は『当社にとって正しいことなのか』を問うことだ。これも第一の習慣に劣らず重要である。

有能な経営者は，株主や株価，社員，そして経営陣にとって正しいかどうかを考えたりは

しないのだ。ただしもちろん，ある施策が功を奏するには，株主や従業員，経営陣の動きがカギを握っており，彼らの支持や少なくとも了解が必要であることはきちんと心得ている。

また，資本コストはPER（株価収益率）によって決まるため，株価は株主だけではなく，企業にも大きな影響を与えることを理解している。しかし同時に企業にとって正しくない決定は，どの株主にとっても正しくないものになることも承知している。」

このようにして，ドラッカーは，計画を行動に移す段階で注意を払うのは，「意思決定」と「コミュニケーション」であるという。ドラッカーは経営者が意思決定に責任を負うことが重要であり，コミュニケーションにも責任を負うことが重要であると考えている。ドラッカーによれば，有能な経営者は，優先順位を決め，最終責任については自分自身が負うことをわきまえているという。ドラッカーも主張したように，現在，このようなマネジメント・プロフェッショナルとしての経営者を育成することが求められているといえよう。

3　経営者の機能と管理者の機能

3.1　経営と管理の区分

マネジメント・プロフェッショナルは経営者と管理者を意味する。ここでは，その経営者の機能と管理者の機能を明らかにする必要がある。経営体は経営・管理・作業の三つの仕事から

図表 2　経営・管理・作業の包摂的階層関係

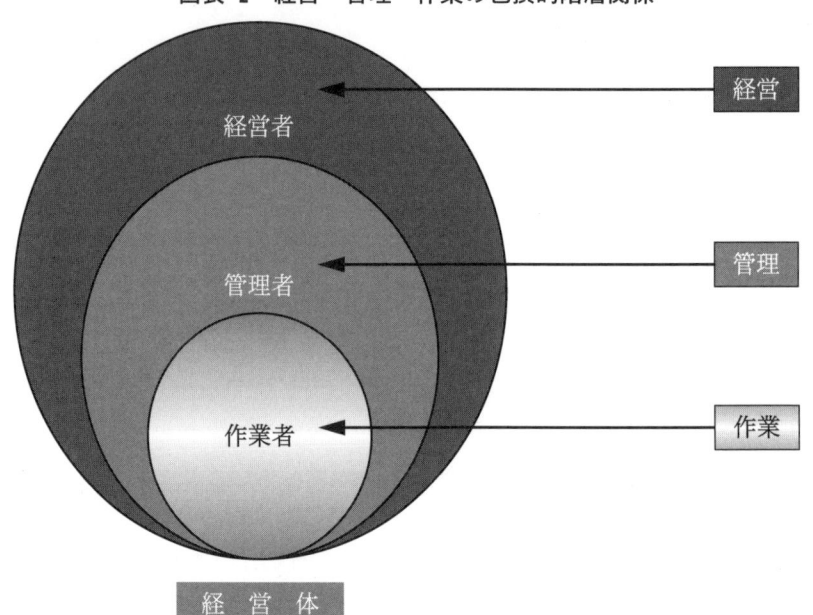

（出所）山城章（1982）『経営学（増補版）』p.229（一部修正）

構成されている。そして経営・管理・作業は図表2で示すように包摂的階層関係で捉えることができる。

ここでいう経営は管理・作業を包摂的に捉えているのであるが，経営は外部のステークホルダーと対境関係にある。そこで，ここでは経営と管理の機能を中心に検討を加えたい。

3.2 経営機能と管理機能

経営機能は，経営者の仕事を意味し，その中核的内容は経営体の最高意思決定であるといってよい。最高意思決定は，取締役会の仕事であり，経営体の方向づけを行うビジョン，CSR（Corporate Social Responsibility）は重要な経営意思決定となっている。

経営機能は，最高経営機能と全般管理機能に分けることができる。最高経営機能は，経営実践活動における最高意思決定であり，全般管理機能は，この最高意思決定を執行に移す機能をもっており，この機能を指令機能という。すなわち，全般管理機能は，決定と執行をつなぐ機能をもっている。最高経営機能の担当機関は，最高経営者であり，全般管理機能の担当機関は全般管理者である。具体的な機関としては，後述するように最高経営者は取締役会を指し，全般管理者は最高管理者，すなわち社長を意味する。この最高経営者の決定機能と全般管理者の指令機能および株主総会が権限をもつ基礎的組成機能と最高人事を含めたものが経営機関の機能である。ここでの経営の機関としての株主総会は通常，経営者とはみなさない。したがって経営の機関は，経営実践的には取締役会と社長が機関として存在しており，この機関が経営機能を遂行するのである。次に管理機能であるが，管理機能は全般管理機能と部門管理機能に分けて考えることができる。ここにおける全般管理機能は経営機能の一部であるが，管理機能でもある。全般管理機能は管理機能のうち最高管理機能としての性格をもっている。したがって，社長もしくは全般管理者は最高管理者であるといえる（図表3参照）。

全般管理の下層には，部門管理があり，その下層には現場管理がいる。この二層になっている部門管理においては，上位の層では，事業部長を意味し，下位の層では作業者をリードする管理者であるといってよい。

3.3 経営の機関と管理の機関

経営機能は最高経営と全般管理に区分することができる。図表3は経営と機関をハネー（Haney, L. H., 1913: 262）の図によって表したものである。ここでは最高経営の機能と機関についてみる。まず株主総会で基礎的組成と最高人事の決定とが行われる。基礎的組成とは会社の設立・合併・改組・解散などを決定することである。最高人事の決定とは，取締役や監査役の選任や解任を決定する（監査役設置会社の場合）。

今日の経営体では，資本と経営の分離により株主は対境化している。その結果，株主が出席

図表 3　株主総会，取締役会，全般管理，事業部との関係図

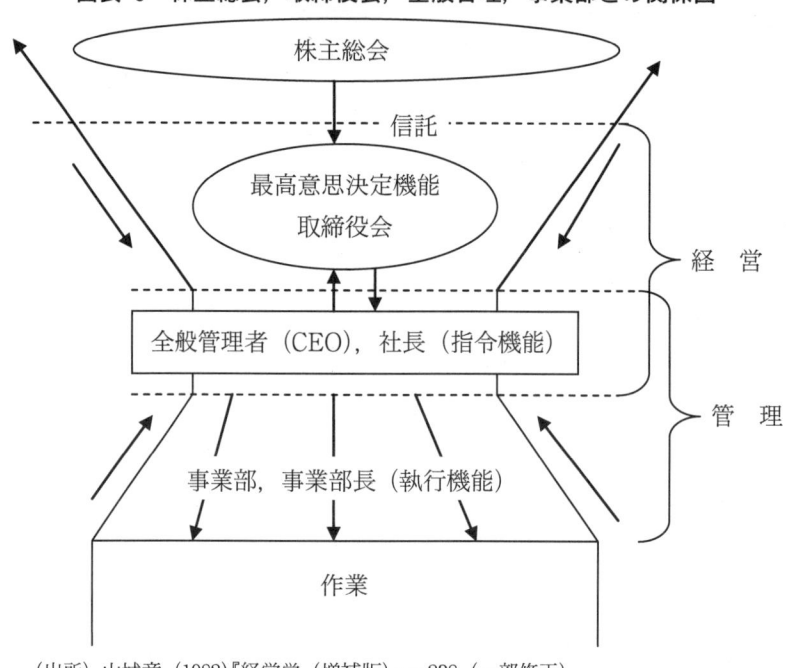

（出所）山城章（1982）『経営学（増補版）』p.238（一部修正）

する株主総会は上記の経営の機関として外すことが適当である。しかしながら敵対的買収といったM&Aが生じた場合には，株主総会が経営の機関として一部機能を果たす場合がある。いずれにしても経営の最高機関は取締役会を意味し，会社の最高意思決定を遂行する機関である。

　ところで，全般管理機能を担当する機関は全般管理者と呼ばれ，具体的な機関は社長である。ここでの社長は経営の機能をもつと同時に管理のトップ，すなわち最高管理の機能ももつ。社長は経営と管理の二つの機能を同時にもつ機関である。全般管理者である社長が経営体の中核に位置する最高管理者である。社長は経営体の要の仕事を遂行する機関であり，最も重要な職務をもっている。社長はマネジメント・プロフェッショナルであり，通常，最高経営責任者（CEO；chief executive officer）と呼ばれる。マネジメント・プロフェッショナルの育成で最も重要な点は，この社長すなわち最高経営責任者をどのように育成するかである。現代の経営体が主体的に経営活動をし，その経営体を維持・発展させることはとりもなおさず，この社長の経営力にかかっているといえよう。

4 マネジメント・プロフェッショナルの育成と経営教育

4.1 経営者教育

マネジメント・プロフェッショナルの育成のためには，経営教育が必要となる。経営教育の本質は，山城によれば，Aという能力の開発にあるという。経営教育は，経営能力育成と自己啓発（selfdevelopment）において完結される。経営教育そのものが経営実践学であり，それによって，経営教育論は経営実践主体の目的達成活動の行動能力を高め，啓発し，教育することを内容とする学問であるといってよい。山城章は経営教育に関し，次のように説明した（山城，1982：25）。

「経営実践の主体者である経営者の能力開発は，単なる知識の教育や，また実際家のスキルなどの訓練にとどまるものではなく，知識Kおよび経験Eを原理とし，またそれを基礎としつつ全人的に啓発されるものである。そこでは目標達成に向かい，科学的知識『K』はもとより，さらに実際の経験『E』も考慮し，また社会的かつ文化的であり，知的だけでなく情緒・心情的な意思決定判断を含む全人的な能力育成を内容とするのである。つまり全人的なものをいわゆる『知・情・意』で表せば，経営学研究は単なる主知主義的，科学的であるだけでなく，情・意を含めた全人学習ともいうべき能力開発を必要とするのである。」

経営教育における経営者の能力開発は自己啓発によるが，その自己啓発の方法としては山城が主張した経営者の全人的教育が，経営実践家である現代の経営者に対して強いメッセージを与えているといってよい。経営実践は実際の経営活動によるところが大であり，経営者・管理者は，自己啓発の方法によって経営・管理の専門的技術を高め，優れた経営・管理をつくりあげることが求められる。経営能力の育成は，第一義的には自己啓発である。自己啓発の原点には経営者が科学的方法を援用しながら自ら能力開発することにある。それは，経営主体である経営者・管理者の実践的行為能力の開発につながっている。そこでは「アート」としての「マネジメント」を想定した経営実践である。したがって，経営実践学は経営者・管理者の経営・管理能力の育成をその学問のなかに包含しているのである。

経営教育の本質はすでに述べたように，自己啓発にある。プロフェッショナルとしての経営者の育成には，この自己啓発による方法が適切である。自己啓発には経営というものに対する理念が，経営者・管理者にあってそれに基づく企業家精神が必要である。経営者・管理者は，マネジメントにおける経営実践を「アート」としてその経営技術を高めることが必要である。このような考え方はアメリカのマネジメントの考えに多くみられ，いわゆる経営者の能力開発の経営実践にとって重要な考え方である。自己啓発の方法において最も評価できる点は，「経営創造」という点にある。ここでいう「経営創造」は経営の価値創造であり，「経営美」であ

るといってよい。経営の価値創造によって，経営者が経営社会に貢献する。経営社会は経営の価値創造によって展開している。経営の価値創造を財務の視点からみれば，企業価値創造ということができる。ここでの企業価値創造は，ベンチャー企業の創造も具体的結果である。そのためにはベンチャー企業経営者の養成も必要となる。ベンチャー企業の創造は21世紀の経営社会を変革させることになると考えられ，ベンチャー企業の創造にはこの自己啓発によるベンチャー企業経営者の育成，すなわちマネジメント・プロフェッショナルの育成が要求されることになる。

　マネジメント・プロフェッショナルの経営教育には，経営者教育と管理者教育を分けて考える必要がある。経営者教育の基本原理にはまず企業家精神と経営理念の修得がある。つまり経営者教育の第一歩は，企業家精神をどのように経営者に修得させるか，という問題であり，次にその企業家精神を経営理念の中身のなかにどのようにつなげるかが必要となる。企業家精神とは，現代経営者にとって最も必要なものであり，不確実性とリスクを負担しながらリターンを求める経営意思をいう。企業家精神は企業を起こすこと，すなわち「起業」にとって最も必要であり，「企業」の変革と展開にとってさらに必要なものとなる。現代の経営者は企業家でもあり，経営者はこの企業家精神を身につけることが必要である。新事業を起こすベンチャー企業の経営者にとってもこの企業家精神は重要なものとなる。かつて，ドーリンガー (Dollinger, M. J.) は，企業家精神の定義に関し，次のような特徴をあげた (Dollinger, 1999：4)。①創造力とイノベーション，②資源の収集と経済的組織の建設，③リスクと不確実性のもとでの利得あるいは増大のための機会，の三つである。

　これら三つの特徴は，現代における企業家精神にも通ずるところがある。企業家精神は現代経営体を取り巻く不確実性の条件の下で，経営者が行動する場合に生ずるものである。経営者は不確実性の世界でこの企業家精神をもって企業行動・経営行動をとるのであって，この企業家精神が経営教育の中で最も大事にされなければならないものの一つである。経営者は新事業を創造し，展開させるための経営能力が要求される。こういった経営能力育成が，経営者教育として経営実践されることになる。

4.2　管理者教育

　管理者教育の基本原理は，管理機能の仕事を身につけることである。管理の仕事は，管理過程における計画化，組織化，統制化といった管理の部分機能を統合する仕事をいう。また管理機能の基礎にあるリーダーシップが管理者教育にとって最も重要である。マネジメントの部分機能である計画，組織，統制のそれぞれの機能を管理技法として管理者が身につけると同時にその管理過程の中心にあるリーダーシップを管理者の経営実践能力につなげることである。

　管理者教育の基本原理は，マネジメント・スキル (management skills) を修得することにあ

る。カッツ (Katz, R. L.) はマネジメントの業績を上げるためには，三つのタイプのスキルが重要であることを示した (Certo, 1997: 10-11)。図表4は，マネジメント階層と必要とされるスキルとの関係を表したものである。その三つは，第1に技術的スキル (technical skills)，第2に人的スキル (human skills)，第3に概念的スキル (conceptual skills) である。第1の技術的スキルは，作業に関連した技法や手続きを実施する上で，特定化した知識や専門技術の利用を含んでいる。これらのスキルは，生産プロセスとか物理的対象である「もの」と仕事することと関係している。第2の人的スキルは，指揮されるチームの中で協働を打ち立てるスキルである。それは，態度とコミュニケーションによって協働すること，個人とグループの利害，つまり人々と協働することを含んでいる。第3の概念的スキルは，全体としての組織をみる能力を含んでいる。概念的スキルをもつ管理者は，組織の種々の職能がどのように互いに補足しあっているか，組織がどのように環境と関連しているか，また組織のある部分における変化が組織の残りの部分にどのように影響するかを理解することができる。

図表 4　マネジメント階層と必要とされるスキルとの関係

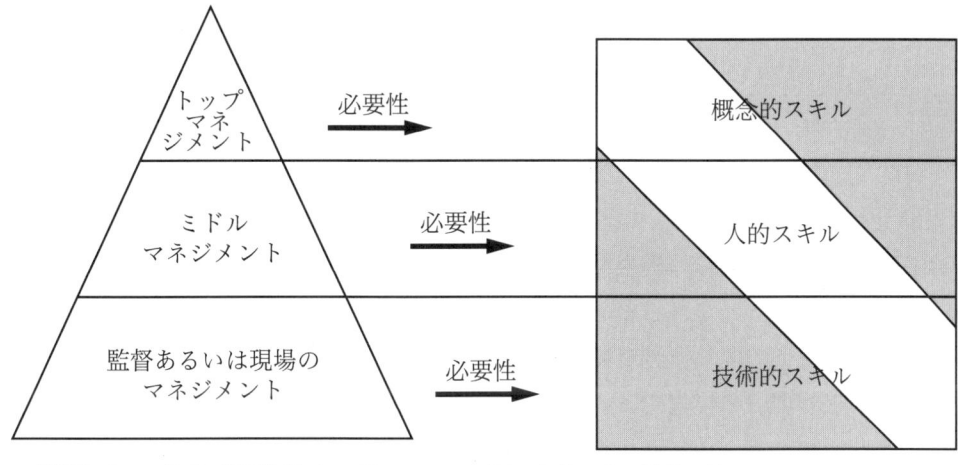

(出所) Certo, S. C., (1997) *Modern Management*, 7th ed., Prentice-Hall, p.11

管理者がロアー層からミドル層，トップ層に移るにつれ，第3の概念的スキルが技術的スキルよりさらに重要となる。しかし，人的スキルは三つのスキルにおいて等しく重要なものとして残る。ここに，管理者教育の内面的意味があらわれると同時に，マネジメントにかかわる人的問題の重要性をみることができる。

4.3　経営者教育と管理者教育の統一

経営者教育と管理者教育は経営実践学からみて統一することが必要である。経営者教育と管理者教育はマネジメント教育としては共通しており，マネジメント機能を担当するという意味

において，マネジメント・プロフェッショナルの基本である。このマネジメント・プロフェッショナルは，日本においては主として経営の内部で養成されるが，アメリカではむしろ外部から経営者の人材を求める。経営者と管理者はそれらがもつ機能は基本的に別物である。しかしながら，経営者・管理者は作業者を含め，経営体を構成するものであり，経営体が継続企業として考えられれば経営者教育と管理者教育は一体として考えることがきわめて重要となる。すでに示したように，マネジメントは経営機能と管理機能を含めたものであり，経営機能は，管理機能を包摂したものとして考える。経営実践学の理念は，経営体内にある専門的職能である経営機能・管理機能と作業機能とを一体化した経営体のクオリティーを高めることである。経営実践学の方法では，経営者と管理者は経営体を維持・発展させる中核的役割を演じており，これを一体的に捉えることが重要である。

マネジメント・プロフェッショナルの育成は，経営者の育成および管理者の育成である。現代の経営者および管理者には，経営体制の発展の原理として生成する21世紀企業像および経営像を考えた経営体において，経営哲学・経営倫理および経営理念の基礎原理を基盤とし，自己啓発する経営教育が求められている。ここに，マネジメント・プロフェッショナルの経営教育の存在意義の本質があることを指摘しておきたい。

5　結　び

以上にわたり，マネジメント・プロフェッショナルの理念と育成に関し，経営学的視点より明らかにしてきた。日本企業の再生を考え，日本型経営の原理を構築するためには，マネジメント・プロフェッショナルである経営者・管理者を育てることが重要であり，優れた経営者・管理者の出現は，現代の経営社会を展開・発展させる原動力となる。

経営者の育成と管理者の育成では，その能力開発は異なる。たとえば経営者は経営者独自の自己啓発の方法を使って，経営実践能力を高める。

具体的な経営者の育成の基本は，経営意思決定力をつけることである。他方，管理者の育成では担当業務の現場での実践活動を重視する。そこでは，管理者自らが，計画し，部下を使ってその計画で設定された仕事を遂行させ，その結果をコントロールするというマネジメント・プロセスの基本原理を身につける能力開発が重要である。具体的には，管理者の育成の基本は，リーダーシップ力をつけることである。

経営者と管理者の育成は，経営の実践活動のなかで行われるので，実際の経営行動のなかに経営教育プログラムが内在化される必要がある。今日の巨大会社においては，これらの経営教育プログラムは，子会社，関連会社を含めて行われる必要がある。中小会社においては，その会社の経営実践のなかで経営教育プログラムが行われることになる。

ドラッカーが長年にわたって提唱してきた経営者の理念は，プロフェッショナルとしての経営者であり，経営者の職能は経営文化論的にも多面にわたった見解を主張してきた。経営環境の変化とともに，変わるものと変わらないものを識別して，経営者育成を行う必要がある。ドラッカーから学ぶものの一つは，ステークホルダーとしての消費者を重視したことにある。山城章は，ステークホルダーとの関係を対境理論として重視した。今日の経営者は，経営体を取り巻く内外のステークホルダーとの対境関係にうまく対応できる能力を身につける必要がある。今日の経営体は改めて，経営社会における社会的存在として生きて活動する組織体であるといえる。

　マネジメント・プロフェッショナルの育成は，経営者に対しては主として経営力を身につけさせ，管理者に対しては，リーダーシップ能力を身につけさせることによって，一定のまとまりを構成する。しかしこのまとまりは，そのプロセスをもって終了するのではなく，経営体が生きて活動する間，常に経営教育プログラムのプロセスは進化するのである。

　日本企業の経営者による1980年代の成長戦略に基づいた経営戦略は1990年代のリストラと呼ばれる経営改革に発展した。現在，日本企業では，企業価値創造のもとで新しい事業の選択と集中といった競走戦略に基づいた経営戦略が行われている。経営戦略の面では，それぞれ個々の経営体の経営意思決定のなかで実行できる経営意思決定力をつけることが求められている。

　マネジメント・プロフェッショナルである経営者は，経営体はもちろんのこと，それと関係をもつステークホルダーとの対境活動を含めて，経営意思決定の総合的アートを遂行する力を備えた経営者である。こうした経営者こそが，日本型経営を発信する経営者であると言い換えることができる。

〈参考文献〉

大前研一（2005）『ザ・プロフェッショナル』ダイヤモンド社。
小椋康宏（1996）「経営学の課題と方法」小椋康宏編『経営学原理』学文社，pp.1-19。
小椋康宏（1997）「コーポレート・ガバナンスの財務論的接近」『経営研究所論集』第20号，東洋大学経営研究所，pp.195-210。
小椋康宏（1999）「現代経営者論の財務論的接近―実践経営学の方法に依拠して」森本三男編『実践経営の課題と経営教育』学文社，pp.185-201。
小椋康宏（2000a）「経営者教育と管理者教育」小椋康宏編『経営教育論』学文社，pp.21-39。
小椋康宏（2000b）「ベンチャー企業経営者の経営行動基準に関する一考察」日本経営教育学会編『経営教育研究―21世紀の経営教育―』第3号，pp.89-104。
小椋康宏（2001）「企業価値評価に関する財務論的接近―グローバル・スタンダードとしての評価基準―」『経営研究所論集』第24号，東洋大学経営研究所，pp.167-178。
小椋康宏（2002）「経営環境とステークホルダー――企業価値創造との関連で―」『経営論集』第55号，東洋大学経営学部，pp.59-73。

小椋康宏（2003）「経営者育成に関する経営学的考察―企業価値創造との関連で―」日本経営教育学会編『経営教育研究―経営実践と経営教育論―』第6号，pp. 1-15。
小椋康宏（2004）「戦略財務の基礎構造に関する一考察」『経営論集』第62号，東洋大学経営学部，pp. 69-83。
小椋康宏（2006）「経営力創成に関する一考察―企業競争力との関連で―」『経営力創成研究』第2号，東洋大学経営力創成研究センター，pp. 33-44。
金川千尋（2002）『社長が戦わなければ，会社は変わらない』東洋経済新報社。
河野大機（2006）『P. F. Druckerのソシオ・マネジメント論』文眞堂。
河野大機（2007）『P. F. Druckerのマネジメント・プラクティス論』文眞堂。
桜井克彦（2001）「企業経営とステークホルダー・アプローチ」『経済科学』第48号第4号，名古屋大学経済学研究科，pp. 1-18。
東洋大学経営力創成研究センター編（2007）『企業競争力の研究』中央経済社。
ドラッカーP. F.，（上田惇生訳）（2004）『実践する経営者』ダイヤモンド社。
ドラッカーP. F.，（DIAMONDハーバード・ビジネス・レビュー編集部編訳）（2006）『P. F. ドラッカー経営論』ダイヤモンド社。
日本経済新聞社編（2004）『日本電産永守イズムの挑戦』日本経済新聞社。
増田茂樹（2001）「経営学における研究方法について―山本・山城経営学における研究方法を基礎にして」『愛知産業大学紀要』第9号，pp. 49-56。
水村典弘（2001）「『利害関係者』をめぐる経営学的研究の推移―『利害関係者理論』から『利害関係者管理』へ―」『日本経営学会誌』第7号，日本経営学会，千倉書房，pp. 36-47。
山城章（1970）『経営原論』丸善。
山城章（1982）『経営学（増補版）』白桃書房。
山城章編（1990）『経営教育ハンドブック』同文舘。
Abegglen, J. C. (2004) *21st Century Japanese Management : New Systems, Lasting Values*, Palgrave Macmillan.（山岡洋一訳『新・日本の経営』日本経済新聞社）
Abegglen, J. C. and G. Stalk, Jr. (1985) *KAISHA : The Japanese Corporation*, Harper and Row.（植山周一郎訳（1986）『カイシャ，KAISHA』講談社）
Baumol, W. J. (1993) "Famal Entrepreneurship Theory in Economics : Existence and Bounds", in : *Journal of Business Venturing*, Vol. 8.
Certo, S. C. (1997) *Modern Management-Diversity, Quality, Ethics, and the Global Environment*, 7th ed., Prentice-Hall.
Dollinger, M. J. (1999) *Entrepreneurship-Strategies and Resources*, 2nd ed., Prentice-Hall.
Drucker,. F. (1985) *Innovation and Entrepreneurship*, Butterworth Heinemann.
Haney, L. H. (1913) *Business Organization and Conbination*, The Macmillan.
Kast, F. E. and J. E. Rosenzweig (1985) *Organization and Management : A Systems and Contingency Approach*, 4th ed., McGraw-Hill.
Knight, C. F. (2005) *Performance Without Compromise*, Harvard Business Press.
Kraut, A. I., Pedigo, P. R., McKenna, D. D., and M. D. Dunnette (2005) "The Role of the Manager : What's Really Important in Different Management Jobs", in : *The Academy of Management*, Vol. 14, No. 4, pp. 122-129.
Ma, H. and J. Tan (2006) "Key Components and Implications of Entrepreneurship : A 4-P Framework," in : *The Academy of management*, Vol. 21, No. 5, pp. 704-725.
Morris, M. H., Kuratko, D. F. and J. G. Covin (2008) *Corporate Entrepreneurship and Innovation*, 2nd ed.,

Thomson South-Western.
Schermerhorn, J. R. (1996) *Management*, 5th ed., John Wiley and Sons.
Weihrich, H. and H. Koontz (1993) *Management-A Global Perspective*, 10th ed., McGraw-Hill.

The idea and development of management professionals

Toyo University
OGURA Yasuhiro

ABSTRACT

Management professional is a manager who can lead and nurture managerial functions to become one entity. Into the new era of Japanese management, there are some roles of managers who have to act differently from the past. Therefore, I would like to examine the role of managers as 'management professional', in the sense of essential players within Japanese corporations, focusing on the field of management theory and management development programs in this paper.

As I point out in the paper, to the survival of Japanese corporations in this global stage, it is crucial to nurture managers, through the exercise of management development programs. These well trained managers are true management professionals who can exercise Japanese management in this new global era, and I believe this is a critical issue within the field of Japanese management education and development.

研究論文

プロジェクト X を活用したキャリア教育
― チャレンジ精神の源流をもとに ―

京都産業大学　佐々木利廣

キーワード
キャリア教育　　複眼的視点　　キャリア形成支援インフラ　　プロジェクト X

はじめに

　経済環境の急速かつ非連続な変化にともない，各企業はこれまで長期継続的に維持してきた雇用システムや賃金システムを含む人事システムを大幅に変更せざるをえなくなってきている。さらに労働者一人ひとりも，一生涯ひとつの組織に全面的にコミットし続けるという意識から脱皮しつつある。そして自らの職業人生を他人任せ，組織任せにしないで，節目節目で自分の職業人生をどのようにデザインし実行するかを考えなければならない時代になっている（金井, 2002）。さらに，ワークキャリアだけでなく，仕事と生活の調和をはかるワークライフバランスを重要視する層が確実に増加しつつある。

　こうした企業内人事システムの変革や労働者意識の変化は，高等教育機関である大学での就職支援体制や進路支援体制にも大きな影響を及ぼしつつある。すなわち，高学年の大学生を対象にした業界情報や企業情報の総花的提供，エントリー企業選択に対するステレオタイプ的助言，SPI をはじめとする適性検査や面接に対する局所的助言など，大学生の就職活動を受動的にサポートするだけでは不十分になりつつある。むしろ，個々人の意識や能力にフィットするような職業能力意識を低学年から積極的に意識させ，自ら主体的にさまざまな職務を経験しようという意欲をもたせ，多様なスキルや専門知識を継続的かつ計画的に習得していくためのガイドラインを提供していくことが求められている。こうした低学年から高学年まで一貫したキャリア支援の制度をシステムとして設計し，それを一方的に強制するのではなく各個人が自由にデザインすることをサポートするようなキャリア形成支援インフラを構想することが緊急の課題になりつつある（太田, 2003）。

　京都産業大学キャリア教育研究開発センターでは，こうしたキャリア形成支援インフラを構

想してきたが，そのひとつがNHKのプロジェクトXをもとにした科目「チャレンジ精神の源流」の開講である（NHKプロジェクトX制作班編，2000-2006）。この授業では，ケース分析入門講義，プロジェクトXのビデオ放映，プロジェクト・リーダーの講義，受講生によるミニプレゼンなどを融合しながら，キャリア形成支援を行ってきた。本稿では，受講生に対するアンケート調査を中心に京都産業大学におけるキャリア教育の一端を紹介しながら，プロフェッショナル志向の高まりのなかで大学での経営教育をいかに進めていくべきかを考えることにする。

1 キャリア教育への注目と多様性

1.1 キャリアとキャリア教育

キャリア（career）は経歴や職歴と訳されることも多いが，馬車が辿ってきた道程を示す轍とたとえられることもある。各人が辿ってきた道程を振り返りながら，今後の方向性を決めていくというのがキャリアの本来的意味である。さらにキャリア（carriere）は仏語で競馬場を意味し，人生や特定の職業における前進や発達という意味を内包している。経歴や職歴という訳語以上の意味を有しているのがキャリアということばである。

1970年代から米国では本格的キャリア研究が開始されている。MITを中心にして，あらゆる人々やあらゆる組織に適用可能なキャリアの定義が試みられ，個人と組織の関係を媒介する変数として時間次元が強調され，学際的研究の場としてのキャリア研究が盛んに行われた（T. Baker＝H. E. Aldrich, 1995）。さらに客観主義の視点と主意主義の視点からのキャリア研究が行われた。現在では，「仕事に関連した経験に対する自分自身の意味づけや態度」というのが最も一般的なキャリアの定義である。

キャリア教育への認識については，リクルートの2004年進路指導全国調査でも「期待感」が最も上位にランクされている。この調査では，生徒一人ひとりの勤労観や職業観を育てるキャリア教育についての印象を，「期待感」「責任感」「使命感」といったポジティブな項目5つと，「抵抗感」「不信感」「不安感」といったネガティブな項目5つ，それに無関心1つを含めて11項目のなかから選んでもらったところ，「期待感」が最も強く「責任感」「使命感」がその後に続き，キャリア教育について何らかのポジティブ感をもつ人が81％にのぼったという結果が出ている。もちろん何らかのネガティブ感をもつ人も42％ほどあり，考え方には賛成するが実践する立場としては不安を感じているというのが現状である。現在こうした期待感と不安感の入り混じったところで議論されているキャリア教育について，何が問題になっているかを簡単にフォローしたい。

キャリア教育については，これまで多様な見方が混在しつづけてきた。たとえばキャリア教

育を資格取得の促進と捉える見方である。資格や特技を取得することが将来のキャリア・アップに繋がることを錦の御旗に，資格や専門スキル取得のサポートをキャリア教育と考える見方である。また「大学時代のキャリアが少ないと就活のときにインパクトのある志望動機がいえない」というときのキャリア教育は，進路選択や就職準備のための教育と同義である。さらに良いキャリアをつくるために，役立つ仕事を見つけるべきという言葉に端的に表れているような見方がある。こうした「はじめにキャリアありき」の見方が強すぎると，かえって仕事への打ち込みを阻害することになる。前ICU学長絹川正吉は，キャリア教育を以下の5つに分類している。

① 大学生活導入系（大学生活適応支援，スタディ・スキル，コミュニケーション力）
② 社会理解系（社会マナー，業界理解，働くことの意味，インターンシップ）
③ 就職対策系（就職活動対策，常識）
④ 資格取得系（資格取得支援）
⑤ キャリア開発系（自己理解，キャリアデザイン）

このように現実にキャリア教育として行われているものは多様である。文部科学省は2004年「キャリア教育の推進に関する総合的調査報告書」のなかで，キャリア教育を一人ひとりのキャリア発達や個としての自立を促す視点から，従来の教育のあり方を幅広く見直し，改革していくための理念と方向性を示すものという視点を提起している。本稿では，キャリア教育を「職業上の能力に限らず，家族生活，コミュニティの一員としての生活，社会的活動などを通じてトータルに自分らしい生き方をデザインすることの支援」と捉えることにする。

1.2　キャリア形成支援インフラの重要性

京都産業大学では，2005年にキャリア形成支援インフラを推進する母体としてキャリア教育研究開発センターを立ち上げている。その目的は，キャリア支援教育の研究・開発によってキャリア支援教育の企画・実施・検証を行うことである。ただこうした試みは1998年から始まっており，今日まで「自己発見レポート」「インターンシップ1」「インターンシップ2」「インターンシップ3」「インターンシップ4」「インターンシップ5」「インターンシップ6」「21世紀と企業の課題」「現代社会における職業観」「科学の機会」「自己発見とキャリアプラン」「チャレンジ精神の源流」「O/OCF（オン/オフ・キャンパス・フュージョン）」といった科目を開講してきた。

自己発見レポートは，1998年に（株）ベネッセコーポレーションと本学が共同開発した適性・適職検査テストであり，現在全国の100以上の大学で導入されている。「性格」「職業興味」「学習スタイル」「能力」の4分野の測定で構成され，この結果から各自の資質や興味を分析し，これまで意識してこなかった「自分像」を発見することで自ら将来を意識させ，勉学を

はじめ学生生活への意欲的取組みを促すツールとして活用し，これまで8年間の測定結果データを蓄積してきた。実施は，新入生全員にテスト用紙を配付し自宅で回答し提出させる方法で実施してきた。提出率は約98％であり，新入生のほぼ全員が提出している。個人に送付する測定結果をもとに活用方法を集合ガイダンスで解説し，O/OCF（オン/オフ・キャンパス・フュージョン）などで使用している。

またインターンシップ1とインターンシップ2は1999年に始まり，それ以降海外インターンシップ，自己開拓型インターンシップなど合計6つのインターシップ科目が開講されている。また2005年からインターンシップ6（地域コーオプ）が始まっている。インターンシップ6は，京都市内をエリアとしたフィールドワークを自ら計画し実施することで，現場・現実・現物など生の情報から学び取っていくことに力点を置き，事前学習・実習・中間学習・レポート作成・報告を行う科目である。

ただこうした科目が，学生のキャリア支援に有効であっても，学習上の体系化が十分できていないために，学生の意識や能力の段階的でスパイラルな発達に繋がりにくい面があったことも否めない事実である。これまでのキャリア形成支援科目についての組織的点検と評価をもとに，将来の社会を担って立つ人材育成という観点から，2005年にキャリア教育研究開発センターを立ち上げている。このセンターでは，一方では，これまで開講してきた数多くの進路支援科目，国内インターンシップ，海外インターンシップ，O/OCF（オン/オフ・キャンパス・フュージョン）などを段階的かつシステム的に体系化しながら，他方で国内外の先進的なキャリア教育の国際比較をもとに日本型大学キャリア教育の確立を目指すことがミッションとして掲げられている。

1.3　プロジェクトXを利用した授業科目

2003年に開講したキャリア形成支援科目である「チャレンジ精神の源流」は，NHK番組プロジェクトXを素材に，受講生それぞれが新しい課題に挑戦し夢中になれるものを発見するためのヒントを提供するという趣旨で生まれた。さらに複数の教員がプロジェクトXをケース分析として考えるときのヒントを与える目的でケース分析導入講義を行い，良質のケースを通じて，プロジェクトXを複眼的視点で考えることの重要性を強調している。具体的には，半期授業のなかで，ケース分析導入講義とNHKディレクター講義をはさんで，8本から10本のプロジェクトXを放映した後，その番組に登場する主人公に毎回外部講師として講義を行ってもらう試みを行っている。要するに開講目的は，第一にケース分析を通じてプロジェクトXを複眼的視点で考えることの重要性を理解させること，第二に受講生に大学時代を含めて自らの自立的キャリア・デザインをサポートするキャリア支援インフラを提供すること，そして第三に失敗を恐れずに新しいことに挑戦するきっかけを発見することである。

一般的に，外部講師を活用した授業科目を設計する場合，どうしても外部講師の単発講演の集合という色彩が強くなり，大学の授業として成立するための諸条件が整備されない危険性がある。「チャレンジ精神の源流」開講初期には，講演会としては面白いが大学の授業として学生に単位認定ができるのかという疑問が出されたこともある。こうした点に配慮しながら，これまでの5年間でさまざまな試みが行われてきた。現在では，図表1のような講義スキームで授業が進められている。

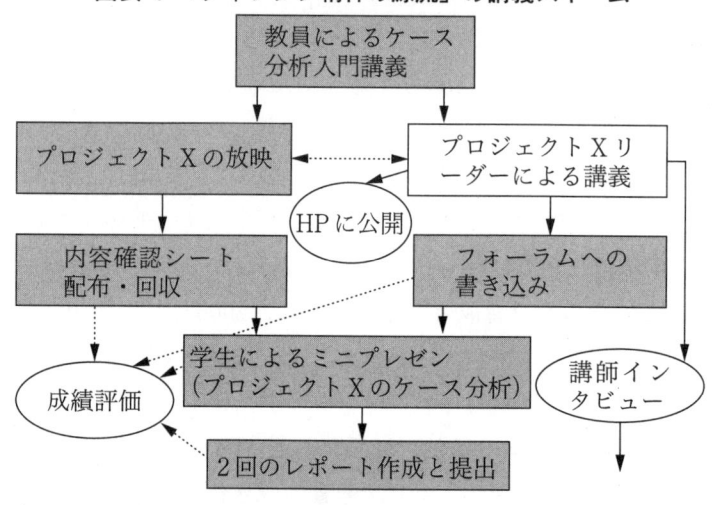

図表1　「チャレンジ精神の源流」の講義スキーム

（出所）佐々木利廣編著『チャレンジ精神の源流：プロジェクトXの経営学』ミネルヴァ書房，2007年

　まず，専門領域の異なる複数の教員とプロジェクトXの制作に携わってきたディレクターによって，複眼的視点からプロジェクトXを見ることの重要性を強調するケース分析入門講義を3〜4回程度設けている。同じプロジェクトXを見ても，ものづくりの過程にポイントをおくか，プロジェクトリーダーのリーダーシップやプロジェクトメンバーのモチベーションにポイントをおくか，あるいは関係する業界や産業の動きにポイントをおくかでさまざまな見方が可能になる（高橋・金井，2002）。ケース分析入門講義では，これまでの常識や紋切り型発想を中心にした単眼的視点から複眼的視点に移行することの重要性を強調する。

　ケース分析入門講義を挟んで，毎年8本から12本のプロジェクトXを選択し，そのプロジェクトXの主人公でもあるプロジェクトリーダーに外部講師として講義をしてもらっている。毎回の授業では，前半45分はプロジェクトXのDVDを放映しながらプロジェクトの内容や成功に至る過程について理解を深めてもらう。後半45分は，プロジェクトXのリーダーに番組を見ただけではわからない開発秘話，リーダーとしての苦労話，入社後のキャリア経歴，若

い学生に向けた提言などを語ってもらっている。新製品開発や新技術開発に関わるプロジェクトXの場合は、授業後半は開発や商品化の具体的過程が中心になる場合が多い。

受講後1週間の間に、受講生は講義に対する感想や意見、さらにはプロジェクトリーダーへの質問をフォーラム（電子掲示板）に書き込むことになっている。フォーラムは、大学内の学習支援システムmoodle（ムードル）内に設置されており、書き込まれた感想や意見や質問はすべての受講者にオープンになっている。フォーラムへの書き込みは任意であるが、毎回8割弱の受講生がさまざまな意見や感想を書き込んでいる。そのなかにはゲストスピーカーのプロジェクトリーダー自身も気づき得なかった着眼点が含まれていることもある。フォーラムへの書き込みデータは、すべて外部講師にフィードバックされている。

また2004年からは、自らエントリーした受講生にはプレゼンテーションの機会が与えられている。チャレンジ精神からチャレンジ・アクションへというキャッチフレーズで、受講生のキャリア形成を支援するという趣旨で始められた試みである。ミニプレゼンは授業最終日の2回にわたり、前半は学生によるプロジェクトXのケース分析、後半は私のチャレンジ精神というタイトルで行っている。ミニプレゼンの希望者は毎年増加しつつあり、2007年は8組16名がエントリーし7月6日と7月13日にプレゼンテーションを行っている。2006年からは、プロジェクトXのケース分析プレゼンに対して元オムロンの田中寿雄氏（自動改札機開発リーダー）にコメンテーターとして助言や提言をいただいている。外部講師の講義や学生のミニプレゼンは、学内用ストリーミング放送によってビデオ・オン・デマンドとして視聴することができる。開講初期は外部にも公開していたが、現在は学内のみからしかアクセスができない。[1]

成績評価に関しては、計2回の提出レポート、ビデオ内容確認シート（現在中止）、フォーラムへの書き込み、あるいは講演者への質問、ミニプレゼンなどが総合的に評価され成績に反映される。2007年度の場合、評価のウェイトは、レポート60％、フォーラムへの書き込み30％、ミニプレゼン感想シート10％、である。その他、講師への質問やミニプレゼンにエントリーした受講生には大幅なボーナス・ポイントを加算している。

なお、2004年からは、外部講師の講演後にケース研究会のメンバーが毎週インタビュー調査を実施し、その内容を『外部講師インタビュー報告書』としてまとめてきた。この報告書をもとに、経営学の多様な視点からプロジェクトXという良質のケースを分析できないかという問題意識から佐々木利廣編著『チャレンジ精神の源流：プロジェクトXの経営学』（ミネルヴァ書房）が出版されている。

2　受講生アンケート調査にみるキャリア教育

キャリア教育の到達度や満足度を分析するために、2004年から2007年の4年間にわたり

「チャレンジ精神の源流」の講義終了後に同一のアンケート調査を行ってきた。質問項目は，① 授業出席回数，② 各外部講師の講義への満足度，③ 授業に対する満足度，④ 受講前と受講後の変化，⑤ 変化の具体的内容，⑥ 複眼的視点の到達度，⑦ 授業を通じて習得した意識・態度や能力・スキル，⑧ 授業を通じて難しかった点，⑨ 科目紹介と改善意見，の9項目である。有効回答数は，2004年が101，2005年が212，2006年が222，2007年が145である。

2.1　授業出席回数

「チャレンジ精神の源流」の授業は毎年春学期開講科目であるが，出席回数は2004年から2007年まで10回以上が9割以上を占めている。毎回出席する学生がほとんどである。履修人数に比べてアンケート回収数が少ないのは，調査を実施する日が春学期の授業最終日であることも一因である。

2.2　外部講師の講義への満足度

図表2と図表3は，2003年から2007年までに「チャレンジ精神の源流」で使用したプロジェクトXのタイトルと外部講師である。外部講師への講義への満足度については，あなたはどのビデオと外部講師の講義が一番印象に残っているか，最も印象に残っているものを2つ選ぶという質問をしている。2004年に関しては，最も印象に残ったのは秋山晃久氏（元日清食品）の「魔法のラーメン：82億食の奇跡」であり受講生の38.6％が印象に残ったと答えている。以下，伯野卓彦氏（NHKデスク）が32.6％，田中寿雄氏（元オムロン）の「通勤ラッシュを退治せよ：世界初，自動改札機誕生」が25.7％，平田毅氏（ボランティア）の「ナホトカ号重油流出：日本海30万人の闘い」と溝口薫平氏（玉の湯旅館）の「湯布院：癒やしの里の百年戦争」が22.7％，水本豊弘氏（大林組）の「桂離宮：職人魂ここにあり」が21.7％の学生が印象に残ったと答えている。

2005年度については，最も印象に残ったのは上村春樹氏（旭化成）の「宿命の最強決戦：柔道金メダル・師弟の絆」であり56.6％の受講生が印象に残ったと答えている。つぎは，冨田洋氏（JAHDS）の「日本技術陣：一億の地雷に挑む」であり38.2％の学生が印象に残ったと答えている。以下，谷口裕氏（松下電器産業）の「食洗機〜100万台への死闘〜」が27.4％，田中寿雄氏（元オムロン）の「通勤ラッシュを退治せよ〜世界初，自動改札機誕生〜」が16.5％，と続いている。

2006年度は，最も印象に残ったのは高野甲子雄氏（東京消防庁）の「炎上：男達は飛び込んだ」であり70.3％の受講生が印象に残ったと答えている。アンケート調査から見る限り，2004年から2007年までの授業で受講生に最も大きな影響を与えたプロジェクトXであり講義であるという結果であった。つづいて柳生健智氏（金閣寺金箔貼）の「金閣再建〜黄金天井

図表 2 プロジェクト X リストと外部講師（2003-2004）

2003年
国井雅比古（アナウンサー）
「富士山レーダー：巨大台風から日本を守れ～富士山頂・男たちは命をかけた～」伊藤庄助（元大成建設）
「男たちの復活戦～デジタルカメラに賭ける～」末高弘之（カシオ計算機）
「友の死を越えて～青函トンネル・24年の大工事～」大谷豊二（元日本鉄道公団）
「全島一万人：史上最大の脱出作戦～三原山噴火・13時間のドラマ～」秋田壽（元大島町助役）
「通勤ラッシュを退治せよ～世界初，自動改札機誕生～」浅田武夫（元オムロン設計担当）
「炎上：男達は飛び込んだ～ホテルニュージャパン・伝説の消防士たち～」高野甲子雄（東京消防庁）
「液晶：執念の対決～瀬戸際のリーダー・大勝負～」和田富夫（元シャープ）
「幻の金堂・ゼロからの挑戦～薬師寺・鬼の名工と若者たち～」小川三夫（宮大工）
「絶対絶命：650人決死の脱出劇～土石流と闘った8時間～」有村新市（鹿児島県警）
「ルマンを制覇せよ～ロータリーエンジン・奇跡の逆転劇～」寺田陽次郎（ドライバー）
山本隆之（NHKディレクター）

2004年
山本隆之（NHKディレクター）
「ナホトカ号重油流出～日本海30万人の闘い～」平田毅（ボランティア）
「桂離宮～職人魂ここにあり～」水本豊弘（大林組）
「湯布院～癒しの里の百年戦争～」溝口薫平（玉の湯旅館）
「魔法のラーメン：82億食の奇跡～カップめん・どん底からの逆転劇～」秋山晃久（元日清食品）
「液晶：執念の対決～瀬戸際のリーダー・大勝負～」和田富夫（元シャープ）
「男たちの復活戦～デジタルカメラに賭ける～」末高弘之（カシオ計算機）
「通勤ラッシュを退治せよ～世界初、自動改札機誕生～」田中寿雄（元オムロン）
「プラズマテレビ～愛の文字から始まった～」篠田傳（元富士通）
伯野卓彦（NHKデスク）

に挑む～」が27.0%，田中寿雄氏（元オムロン）の「通勤ラッシュを退治せよ～世界初自動改札機誕生～」が22.5%，大槻正氏（元ソニー）の「復活の日～ロボット犬にかける～」が17.6%，藤田欣司氏（元諏訪精工舎）の「逆転田舎工場～世界を制す」が16.7%という数字であった。

図表 3 プロジェクトXリストと外部講師（2005-2007）

2005年
山本隆之（NHKディレクター）
「通勤ラッシュを退治せよ～世界初，自動改札機誕生～」田中寿雄（元オムロン）
「100万座席への苦闘」尾関雅則（元日本国有鉄道）
「革命ビデオカメラ～至難の小型化総力戦～」越智成之（元ソニー）
「日本技術陣～一億の地雷に挑む～」冨田洋（JAHDS）
「運命の最終テスト～ワープロ・日本語に挑んだ若者たち～」森健一（元東芝）
「宿命の最強決戦～柔道金メダル師弟の絆」上村春樹（旭化成）
「海の革命エンジン～嵐の出漁～」安川力（元ヤマハ発動機）
「食洗機～100万台への死闘～」谷口裕（松下電器産業）

2006年
山本隆之（NHKディレクター）
「通勤ラッシュを退治せよ～世界初、自動改札機誕生～」田中寿雄（元オムロン）
「逆転田舎工場世界を制す～クォーツ・革命の腕時計～」藤田欣司（元諏訪精工舎）
「運命の最終テスト～ワープロ・日本語に挑んだ若者たち～」森健一（元東芝）
「復活の日～ロボット犬にかける～」大槻正（元ソニー）
「第九への果てなき道～貧乏楽団の逆転劇～」安藤直典（群馬交響楽団）
「金閣再建～黄金天井に挑む～」柳生健智（金閣寺金箔貼）
「海のダイヤ～世界初クロマグロ完全養殖～」熊井英水（近畿大学）
「炎上：男達は飛び込んだ～ホテルニュージャパン火災・伝説の消防士たち～」高野甲子雄（東京消防庁）

2007年
「通勤ラッシュを退治せよ～世界初，自動改札機誕生～」田中寿雄（元オムロン）
「プロジェクトXへの想い」山本隆之（NHKディレクター）
「嵐の海のSOS」尾崎哲夫（元だんぴあ丸船長）
「王が眠る神秘の遺跡」七田忠明（吉野ヶ里発掘）
「醬油：アメリカ市場を開拓せよ」熊切顕夫（元キッコーマン）
「執念のICカード」椎橋章夫（JR東日本）
「己を出さず自分を出す」北山安夫（北山造園）
「男たちの復活戦：デジタルカメラに賭ける」末高弘之（カシオ計算機）

2007年度については，田中寿雄氏（元オムロン）の「通勤ラッシュを退治せよ～世界初，自動改札機誕生～」が40.7%の受講生が印象に残ったと答えている。つぎに尾崎哲夫氏（元だんぴあ丸船長）の「嵐の海のSOS」が33.8%，北山安夫氏（北山造園）の「己を出さず自分を出す」が31.0%，熊切顕夫（元キッコーマン）の「醬油：アメリカ市場を開拓せよ」が22.8%，末高弘之氏（元カシオ計算機）の「男たちの復活戦：デジタルカメラに賭ける」が21.4%という数字であった。

以上の結果から考察すべき点を述べておこう。第一は，受講生が挑戦し夢中になれることを発見するためのヒントを提供し，複眼的視点をもつという講義目的からいえば，プロジェクトXは必ずしも開発系である必要はないという点である。プロジェクトXを大きく開発系と非開発系に区分すると，年度によって差はあるが授業で取り上げた開発系と非開発系の比率は毎年ほぼ半数ずつである。しかし受講生のやる気やチャレンジ精神を刺激するのは，自動改札機，食洗機，ロボット犬アイボ，クォーツ時計，デジタルカメラなどの開発系プロジェクトXだけでなく，非開発系プロジェクトXが非常に大きな影響を及ぼすことがアンケートデータからもうかがえる。

たとえば，ナホトカ号重油流出におけるボランティア活動，大分県湯布院でのまちおこし運動，桂離宮の修復活動，NPO法人JAHDSのタイやカンボジアでの地雷除去支援活動，ホテルニュージャパン火災の消火活動，職人による金閣寺黄金天井の金箔貼，海難船舶の救出活動，などを扱ったプロジェクトXは受講生に大きな感動を与えている。複眼的視点からのケース分析という目的からいえば開発系プロジェクトXが適合しているが，未来への夢や意欲の重要性を喚起するというキャリア教育の目的からいえば非開発系プロジェクトXをどのように分析するかが今後の課題である。

第二は，2004年から2007年までの4年間，田中寿雄氏（元オムロン）の「通勤ラッシュを退治せよ～世界初，自動改札機誕生～」が受講生に強い印象を与えている点である。自動改札機の開発リーダーの一人である田中寿雄氏（元オムロン）には，「チャレンジ精神の源流」の開講目的の確認や研究開発マネジメントの過程について毎年概論的講義をお願いしている。こうした内容以外に，自らの体験を含みながら，これからの人生をどう生きるか，あるいはどのようなキャリアを歩むべきかについても講義をしてもらっている。授業のなかで，田中寿雄氏のプロジェクトリーダーとしての仕事観や人生観を聞くことが，キャリアデザインを考えるきっかけになっているように思われる。

2.3　授業に対する満足度

「チャレンジ精神の源流」という授業に対する満足度に関しては，「非常に満足している」と「かなり満足している」を合計すると，2004年が69.3%，2005年が81.4%，2006年が77.5%，

2007年が75.8%という数字になる。「どちらかというと満足している」という選択肢を含めると，2004年が95.0%，2005年が93.5%，2006年が97.3%，2007年が95.1%という数字になる。4年間を通じて授業に対する満足度は非常に高い。この傾向は他のキャリア形成支援科目でも同様であり，京都産業大学で開講されている多くのキャリア形成支援科目の授業満足度は非常に高い。松高政によれば，他大学でも同じような傾向がみられるという。[2]

しかし授業満足度が高いことが，必ずしもキャリア形成能力に繋がるとは言い切れない。キャリア教育に関する授業を受講するだけで，キャリア成熟度が高くなったと誤解する受講生も少なくない。そこでアンケート調査では，「チャレンジ精神の源流」という授業を受ける前と後で何か変化があったかどうか，またどのような変化があったかを調査しようとした。

2.4　受講前後の変化と変化の具体的内容

まずこの講義を聞く前（4月）と聞いた後（7月）では何か変化があったかを質問した。結果は，非常に変わったと回答した受講生は2004年が4.95%，2005年が15%，2006年が10.8%，2007年が6.2%であった。自らのキャリアをデザインするうえで，この授業が大きな役割を果たしたと答えた受講生はさほど多くないという結果である。しかし非常に変わったと回答した受講生とかなり変わったと回答した受講生を合計すると，2004年が32.7%，2005年が48.8%，2006年が27.9%，2007年が23.4%という結果であった。この結果をみる限りでは，「チャレンジ精神の源流」という授業が，受講生の将来の生き方や働き方を考えるきっかけになっているという仮説を立てることもできる。

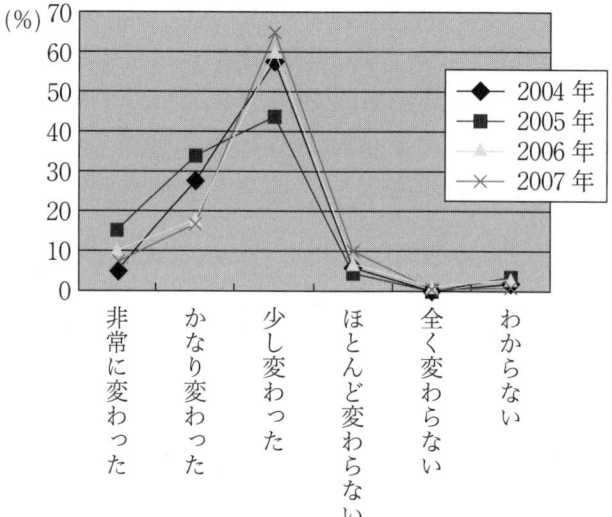

図表 4　受講前後における受講生の変化

そこでより具体的に，講義を聞く前と後で変化があったグループに対して，どのような点が変わったかを答えてもらった。10個の選択肢から最も変わったと思うものを2つ選ぶという質問である。アンケートの結果明らかになった点の第一は，2004年から2007年までいずれの年も，受講生が最も変わったこととして何かに挑戦する意欲を挙げている点である。2004年は62.4%，2005年は54.2%，2006年は58.1%，2007年は47.6%の受講生が，この授業を受講したことで何事にもあきらめずに挑戦しようという意欲がわいてきたことをあげている。

つぎに受講生が最も変わったことは，自分が夢中になれるものを見つけることが必要だと感じたという点である。この項目も，2004年は55.4%，2005年は40.6%，2006年は43.7%，2007年は33.8%の受講生が受講後に自ら変わった項目としてあげている。

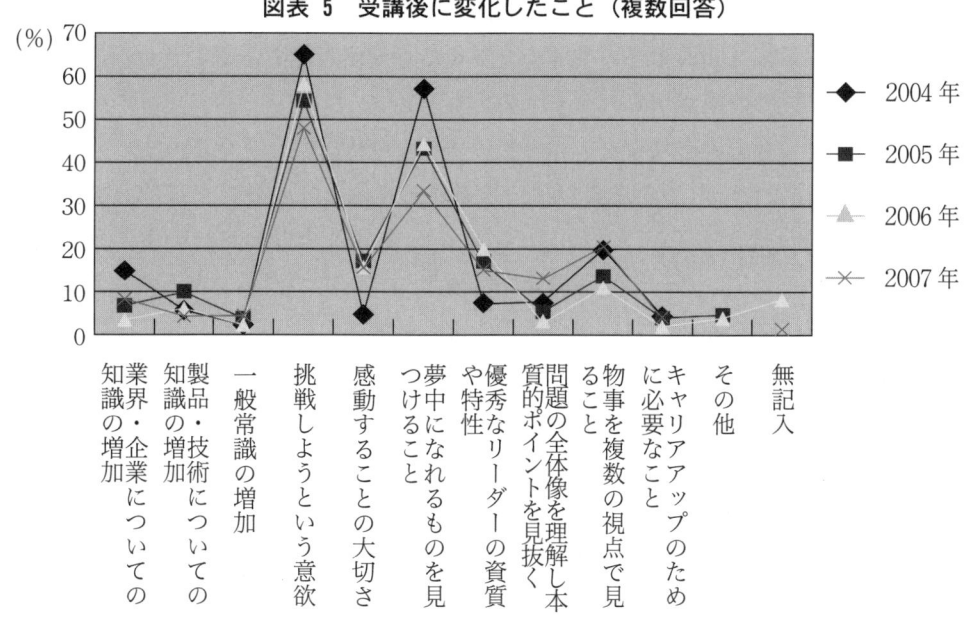

図表5　受講後に変化したこと（複数回答）

2.5　複眼的視点の到達度

さらに興味深い点は，複眼的視点の重要性への理解である。「チャレンジ精神の源流」では，物事を一面的に見ないで複数の視点で見ることが重要であることを強調してきた。受講生が最も変わったこととして，2004年は20.8%，2005年は15.6%，2006年は13.1%，2007年は21.4%の受講生が複眼的視点の重要性を挙げている。データを見る限りでは，複眼的視点への理解が定着してきていると考えられる。事実，ケース分析入門講義にそってプロジェクトXのビデオや外部講師の講義を理解することができたかという質問に対して，多くの受講生がプラスの回答をしている。すなわち，2004年は20.8%，2005年は31.4%，2006年は21.6

％，2007年は29.7％の受講生がかなりできたと回答している。かなりできたとすこしできたを加えると，2004年は82.2％，2005年は85.0％，2006年は81.5％，2007年は90.4％の受講生がケース分析入門講義にそってプロジェクトXを理解することができたと答えている。しかし，複眼的視点からのケース分析という課題は，かなりハードルが高いことも事実である。この点について，以下で少し検討したい。

2.6　授業を通じて一番難しかった点

　この授業を受講して一番難しかったことを2つ選ぶという質問に対して，ある視点からプロジェクトXのケースを分析することの難しさを指摘する受講生が最も多い。受講生のうち，2004年は52.5％，2005年は35.4％，2006年は55.9％，2007年は48.3％の学生が複眼的視点の難しさを回答している。この点は，学期を通じて計2回提出するケース分析レポートでも伺える。この科目が学部を問わずどの学部でも学年でも受講可能であることから，提出されたレポートには経営学以外の視点からのケース分析も多い。

　以上のように，経営教育の有効なツールとして多様な映像メディアが取り上げられるが，プロジェクトXは経営教育のための良質のケース素材を提供している。さらに，学生の自立的キャリアデザインを支援するインフラとしてプロジェクトXとリーダーの生の言葉は非常に有効であると思われる。(3)アンケート最後の自由記述として，この授業を友人や家族に紹介するときのキャッチフレーズを聞いているが，その一部を転載する。

　「チャレンジ精神の源流」は，物事を複眼的視点で見る大切さを教えてくれる科目である。
　「チャレンジ精神の源流」は，不可能と思われることにも挑戦してみようという気がわいてくる科目だ。
　「チャレンジ精神の源流」は，自分がやりたいことにチャレンジして，上手くいかなくても頑張ることが大切だという気持ちにさせてくれる科目だ。
　「チャレンジ精神の源流」の授業は受けていると自分も夢中になれるものを見つけたくなる。

3　教職協働によるキャリア形成支援

　新入生対象のキャリア教育導入授業については，ほとんどが特定の教員によるセミナー形式の授業，アウトソーシングした外部機関による講義や実習が一般的である。しかしこの方式だとキャリア教育のノウハウやスキルが大学内に蓄積されずに，事務職員も含めて全教職員がキャリア開発に関与するという目標に近づくことができない。

　他方では大学において，教養教育や専門教育だけでなく，チャレンジ精神の源流のようなキャリア形成支援科目の整備は焦眉の課題である。そしてすべての教職員がキャリア教育に責任

を持つという意識が必要不可欠になりつつある。そのためには，キャリア発達やキャリアデザインに関するプロフェッショナルな知識を有した教員を配置することも必要であるが，事務職員も含めて全教職員がキャリアデザインに関与できるようなシステムが必要である。そのための試みが，教職協働によるキャリア形成支援である。教員と職員と外部産業界やNPOの共同学習によるキャリア支援インフラの構築という方向性である。そのときに核になるのは，状況学習を中心にした実践共同体のなかでキャリア支援インフラが構築されていくという考え方である。教員と職員さらには外部NPOが，それぞれ同じキャリア教育の場に属していることから生まれる状況学習である。学習が，ただ単に個人がスキルやノウハウを習得することではなく，実践共同体への参加を通して得られる役割の変化や過程（正統的周辺参加）であると考えると，キャリア教育の場への参加を通してのスキルや知識の変化，学習者自身の自己理解の変化こそがキャリア教育にとって重要なことである。

　キャリア教育を実践している実践共同体において，関与している教職員はそれぞれ何らかの役割を担い，その実践の生成と実践共同体の維持に寄与している。正統的周辺参加論においては，このように実践共同体のなかで実践を支える正統な（legitimate）メンバーとしてある役割を担っている状態を，その実践共同体に「参加している」という。学習は，この「参加」のありかたの変化，つまり実践共同体においてそれぞれのメンバーが担う役割の変化としてとらえることができる（J. Lave＝E. Wenger，1991）。

　正統的周辺参加理論では，参加を以下に示す3つの局面からなる生成的過程として捉える。すなわち学習者のキャリア教育についての知識や技能の変化，周囲の人々と学習者の関係の変化，そして学習者自身の自己理解（アイデンティティ構築）の変化である。たとえば，キャリア教育という社会的実践の現場で，キャリア教育に関する知識，技能を獲得することは，そうした知識や技能を獲得することに意味があることを認め，また教職員がその技能を獲得できるような場にかかわることをフォーマルまたはインフォーマルに許容することでもある。こうした参加方式による新入生対象のキャリア形成支援科目の「キャリア・デザイン基礎」が2005年からスタートしている[4]。

＊本稿は，日本経営教育学会第51回全国研究大会（明治大学）における自由論題報告「プロジェクトXとキャリア教育―キャリア支援インフラの可能性―」をもとに受講生アンケート調査を付加して再構成したものである。

〈注〉
(1) 「チャレンジ精神の源流」の授業は，ITを活用した授業改善モデルの事例として以下の報告書に掲載されている。『ファカルティ・ディベロップメントとIT活用（2006年版）』私立大学情報教育協会，2006年11月。
(2) 京都産業大学キャリア教育研究開発センター運営委員の松高政によれば，キャリア科目を受講する学

生の満足度を高めるという段階から，キャリア科目を受講することで社会人基礎力などの能力がどれだけ向上したかを検証する段階へ進むことが今後のキャリア教育の課題であるという。現在そのプロジェクトが進行中である。
(3) 学生がキャリア意識をもつ過程については，自己を知りたい欲求と将来ビジョンや夢・希望の交互作用により自らのキャリアをデザインしようとする意欲が生じる。こうした過程に影響する要因として，小さな自信の積み重ね，期待されているという意識，職業や仕事についての知識，職業体験などが考えられる。キャリアデザインの視点からいえば，チャレンジ精神の源流の授業はキャリアを考える気づきや意欲に関係する科目といえる。
(4) 「チャレンジ精神の源流」についても，学部教員とキャリア教育研究開発センターの職員との教職協働が大きな原動力になっている。職員側からこの科目の基本的アイデアが生まれたこともあり，授業運営に関してさまざまなサポートを受けている。詳しくは佐々木利廣（2007）を参照。

〈参考文献〉

太田肇（2003）『選別主義を超えて』中公新書。
金井壽宏（2002）『働くひとのためのキャリア・デザイン』PHP新書。
佐々木利廣編著（2007）『チャレンジ精神の源流：プロジェクトXの経営学』ミネルヴァ書房。
田尾雅夫・若林直樹（2001）『組織調査ガイドブック』有斐閣。
高橋潔・金井壽宏（2002）「モティベーション論のミッシング・リンク—NHK「プロジェクトX」をいかに解釈するか」『一橋ビジネスレビュー』50(1)。
労働科学研究所（2002）『労働の科学：特集 NHKテレビ放映の「プロジェクトX」を巡って』57(1)。
NHKプロジェクトX制作班編（2000-2006）『プロジェクトX挑戦者たち』NHK出版。
Baker, T.,＝H. E. Aldrich (1995) "Prometheus Stretches : Building Identity and Cumulative Knowledge in Multi-Emplyer Careers", in M. Arthur and D. Rousseau (eds.), *Boundaryless Careers*, Oxford University Press.
Lave, J.,＝E. Wenger (1991) *Situated Learning : Legitimate Peripheral Learning*, Cambridge University Press.（佐伯胖訳（1993）『状況に埋め込まれた学習』産業図書）

Career Education using Project X

Kyoto Sangyo University

SASAKI Toshihiro

ABSTRACT

With external changes in the external environment and internal changes of corporate employees, past features of career development program has been changing. Career education programs of Kyoto Sangyo University also had a great impact on it. We have used Project X as NHK's popular program to utilize the dream with the challenge, the importance of insightful thinking, and the importance of work-life balance of his life. We analyze the data of four-year survey of students in this article. Also we analyze the impact of growing professionalism in the university's management education.

研究論文

プロフェッショナル志向の高まりとキャリア形成

文京学院大学　谷内　篤博

> **キーワード**
> 異質・良質な経験　　FA制度　　エンプロイアビリティ　　コーポレートユニバーシティ
> ロールモデル

1　はじめに

　これまでのわが国の産業社会は，生産・オペレーション中心の社会で，生産設備や材料などのモノと良質な労働力をベースに，安価で良質な製品を生産することが重要な経営課題であった。従って，求められる人材もゼネラリストやスキルワーカーが中心であった。しかし，産業社会の発展・高度化やグローバル競争の激化にともない，新しいナレッジ（知）を創造し，競争優位の源泉を確保することが急務となっている。つまり，わが国の産業社会も従来の生産・オペレーション中心型産業社会からナレッジ（知）創造型産業社会へと大きく変化しつつある。こうしたナレッジ創造型産業社会においては，新たな競争優位の源泉となるナレッジを生み出す高度な専門性を有したナレッジワーカーやプロフェッショナルが必要とされる。新たな競争優位の源泉となるナレッジは，このような高度な専門性を有したナレッジワーカーやプロフェッショナルによって生み出され，個人の暗黙知を組織知（形式知）に置き換える組織学習を通じて蓄積され，高度化されていくものと考えられる。

　一方，われわれ働く人びとの会社観や職業意識においても大きな変化が見られる。特に，若年層を中心に，個人の自律化や仕事志向が高まり，昇進志向においても管理職やゼネラリストよりもスペシャリストやプロフェッショナルになることを強く志向するようになっている。こうした若年層を中心とする個人の自律化やプロフェッショナル志向の高まりは，管理職育成に向けた階層別教育や現場での教育を重視するOJTを中心とするこれまでの企業内教育やキャリア形成に大きな課題を投げかけつつある。

　そこで，本論文では脚光を浴びつつあるプロフェッショナルに焦点をあて，その発生要因を

探るとともに，プロフェッショナルの要件と概念の明確化をはかり，さらにその望ましいキャリア形成のあり方を論究していきたい。

2 移りゆく企業経営とプロフェッショナリズムの台頭

2.1 生産中心の経営から知識創造型経営へ

　従来の日本的経営は工業化社会を前提に展開されており，暗黙知の技術的側面と呼ばれる生産現場の手の技を中核に，安価で高品質の製品を生産し，世界市場に送り出してきた[1]。従って，当然のように，人材の中核もスキルワーカーにおかれ，彼らを中心とする工場でのQC活動やカイゼン活動などを通じて生産現場で生み出され，蓄積されたナレッジが企業の重要な資産となり，競争優位の源泉となっていた。こうしたモノづくり中心の経営は，プロダクト，つまり何を生産するのかというよりも，いかに効率的に生産するかという生産プロセスに焦点が当てられていた。

　しかし，これからの社会はITの進化やITが作り出すユビキタス・ネットワークを背景に，情報化社会，さらには知識社会へと大きく変化しつつある。このような社会の変化はこれまでの企業経営のあり方にも大きな影響を与えている。経営資源の重点は，金や土地，モノから人間が生み出すナレッジ（知）へと変化するとともに，競争優位の源泉もいかに効率的に生産するかという労働生産性よりも，他の企業が模倣できない技術や製品を生み出す知識生産性へと移りつつある。まさに21世紀が知的資本経営（Intellectual Capital Management）の時代と言われる所以がここにある[2]。

　また，このような社会の変化はわれわれの働き方や求める人材にも大きな影響を与えている。

図表 1　移りゆく企業経営のあり方

	従来の経営	将来の経営
経営モデル	人本主義に象徴される日本的経営	知的資本経営
重視する利害関係者	従業員重視（従業員主権）	株主・顧客・従業員の利害一致
重要な資本	財務的資本	知的資本
経営資源	金・土地/設備・人（人材）	人財の能力・専門性
労働者像	スキルワーカー	ナレッジワーカー・プロフェッショナル
組織形態	ヒエラルキー（官僚）型組織	フラット・ネットワーク型組織
雇用思想	終身雇用が前提（内部育成型）	（内部育成＋外部調達）型
働き方	doing things right（how 重視）	doing the right things（what 重視）

（出所）リクルートワークス研究所『Works No.42：特別編集　知的資本とナレッジワーカー』2000年，55頁に加筆修正

前述したように，これまでの工業化社会においては，スキルワーカーの手の技，いわゆる熟練を中心に，効率的にモノを生産することに経営の重点がおかれていた。つまり，働き方としては与えられたタスクや課題を正確かつ効率的に処理すること（doing things right：howの重視）が求められていた。しかし，知識社会においては，個人の高度な専門性を駆使して，顧客や社会の潜在的・顕在的ニーズを満たすことができるナレッジを生み出し（doing the right things：whatの重視），それらを組織学習を通して組織知として蓄積していくことが強く求められている。ドラッカー（Drucker, 1968）がすでに40年前に指摘したように，知識を中心とする社会においては，働く個人もスキルワーカーからナレッジワーカーあるいはプロフェッショナルへと変化することが求められている。これまでの流れをまとめると図表1のようになる。

2.2　プロフェッショナリズムの台頭[3]

一方，個人の働き方や会社観，職業意識も大きく変化している。特に，そうした変化は若年層において顕著で，中高年層のそれと比較しながら見ていきたい。中高年層の会社観・組織観は，「1つの組織に帰属し，そこから必要なものをすべて手に入れる」という「帰属意識」に裏打ちされており，その中心的価値は会社への忠誠心や職場への貢献を重視する自己犠牲にある。このような滅私奉公型の帰属意識に裏打ちされた中高年層の会社観・組織観は個人と組織の直接統合[4]を希求しており，個人の組織に対する最大限のコミットメントが必要不可欠となる（図表2）。

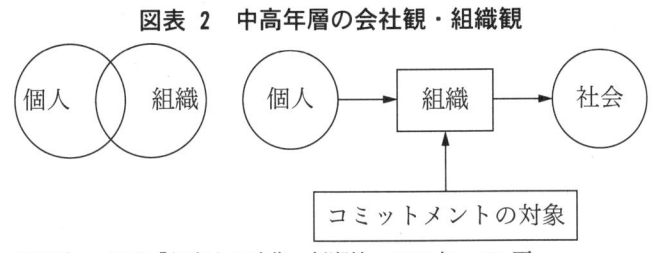

図表2　中高年層の会社観・組織観

（出所）太田肇『仕事人の時代』新潮社，1997年，151頁

このような帰属意識に裏打ちされた中高年層は，自分の専門性よりも所属組織に対するロイヤリティが強く，組織との一体化を強く志向しており，組織目標への最大限の貢献を望むあまりに，専門性の次元における能力発揮や蓄積が軽視されてしまう危険性がある。

と同時に，組織に対して強いロイヤリティをもった中高年層は，組織内部における昇進に強い関心をもつとともに，キャリア志向性も組織との一体化が強く求められる管理職やゼネラリスト志向が強くなる。

かような中高年層の組織に対するハイ・コミットメントを重視する会社観・組織観が，「場」[5]を強調する日本の社会を形成するとともに，「うちの会社」表現に象徴されるように，会社を

運命共同体化する企業意識を醸成しているものと思われる。

　それに対し，若年層の会社観・組織観は，「いくつかの組織に所属し，それぞれから必要なものを手に入れる」という「所属意識」に裏打ちされており，その中心的価値は会社への忠誠よりも仕事への忠誠，会社への貢献よりも自分の専門性の深化や自己の業績達成を重視する自己利益にある。自己利益を重視する功利型の所属意識に裏打ちされた若年層は，仕事を媒介とした個人と組織の緩い関係（いわゆるルースカップリング）を希求しており，個人の仕事に対するコミットメントを極めて重視している（図表3）。

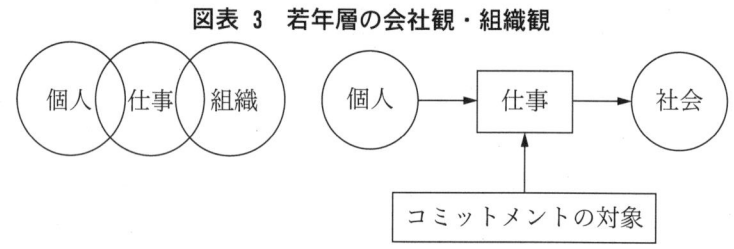

図表 3　若年層の会社観・組織観

（出所）太田肇『仕事人の時代』新潮社，1997年，151頁

　こうした仕事に対するコミットメントを重視する若年層は，一方で自分の専門性やユビキタス・ネットワークなどを活用し，自ら主体的に仕事やキャリアをデザインする自律的な働き方を強く志向するとともに，他方で所属する組織に対するロイヤリティが低く，外部の専門的な機関や専門家集団における自己に対する評価や評判に強い関心をもっている。言い換えるならば，彼らの準拠集団は勤務する組織ではなく，むしろ外部の組織や団体（学会，専門家集団など）にあり，そこにおける市場価値（market value）で評価されることを強く望んでいる。

　従って，当然そのキャリア志向もスペシャリストやプロフェッショナル志向が強くなり，自分の専門性や技術レベルを高めることが可能ならば，転職もいとわない。最近の若年層の転職志向の高まりは，こうした若年層の会社観・組織観やキャリア志向が影響しているものと思われる。

　このような若年層の仕事志向やキャリア志向が，「資格」を重視する新たな日本の社会を形成するとともに，働く個々人の中に職業意識やプロ意識といったものを醸成していく。さらに，職業意識は企業意識とは異なり，企業の枠を越えうる可能性が高いため，わが国においても本格的な職業倫理や横断的な職業別労働市場（occupational labor market）が形成されていく可能性が高まるものと思われる。

　このように，若年層の会社観・組織観の変化や仕事志向の高まりが，個人の自律化を促すとともに，キャリア志向においてもプロフェッショナル志向を高めている。こうした会社観・組織観やキャリア志向の変化をまとめると，図表4のようになる。

図表 4　会社観・組織観の変化

中高年層の会社観・組織観	若年層の会社観・組織観
帰属意識	所属意識
滅私奉公の美徳化	滅公奉私（仕）の美徳化※
「場」を重視	「資格」を重視
企業意識の醸成	職業意識の醸成
組織内での昇進を重視	市場における評価・評判を重視
終身雇用が前提	短期雇用が前提
↓	↓
管理職・ゼネラリスト志向	スペシャリスト，プロフェッショナル志向

注（※）滅公奉私（仕）の仕は「仕事」を意味している
（出所）谷内篤博『働く意味とキャリア形成』勁草書房，2007年，13頁

3　プロフェッショナルの概念とその類型化

3.1　プロフェッショナルの要件とその概念

　プロフェッショナルに関しては，組織内プロフェッショナルやビジネス・プロフェッショナルなどさまざまな定義や概念が混在しており，識者によってその要件や概念が微妙に異なっている。たとえば，太田（1993）はプロフェッショナルの要件として，長期の教育訓練による専門的知識・技術，プロフェッショナルとしての倫理的規範，専門職業団体の存在，独占的権限の4つをあげている。一方，宮下（2002）は組織内プロフェッショナルの概念を援用し，「職務に対する主体性と専門性を持ち，組織の中核として評価される人材」と定義するとともに，職務の選択や意思決定に対する影響力の行使や10年以上の職務経験，外部に通用する高度な専門性をその要件にあげている。さらに，大久保（2006）はプロフェッショナルをステイタス・プロフェッショナルとビジネス・プロフェッショナルに区分し，後者の要件として，長期間の経験に基づく高い技術と専門知識，仕事を自ら選択したという意識，高い職業倫理の3つをあげている。

　本論文では，このようなプロフェッショナルの定義や要件に加えて，キウーラ（Ciulla, 2000）やホール（Hall, 1968）の定義を参考に，プロフェッショナルの要件として以下の5つをあげたい（図表5）。

　①プロフェッショナルは，特定の専門分野において高度な専門教育を受け，あるいは長年にわたる熟練に基づき，高度な専門的知識や技術を有する

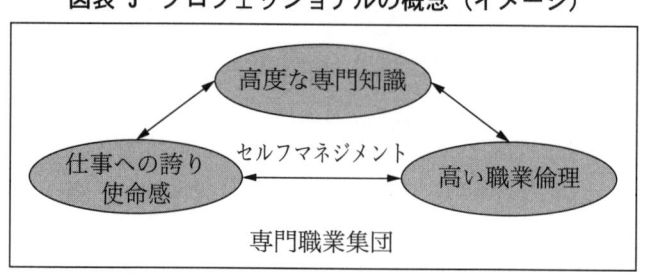

図表5　プロフェッショナルの概念（イメージ）

```
        高度な専門知識
       ↙         ↘
  仕事への誇り  ←セルフマネジメント→  高い職業倫理
    使命感
         専門職業集団
```

② プロフェッショナルは，特定の専門分野における集団や機関（学会や職業団体など）に属するとともに，そこにおける集団規範やルール（職業倫理）を遵守する
③ プロフェッショナルは，特定の専門分野や専門家集団における自己の評価や評判に大きな関心をもつ
④ プロフェッショナルは，仕事に対する誇りと職業的使命感をもち，金銭的な報酬よりも仕事の内容や出来映えに強い関心がある
⑤ プロフェッショナルは，セルフマネジメントの原則に基づき，仕事をデザインし，自ら自主的に最適な意思決定をする

このような要件を満たしたプロフェッショナルを人材ポートフォリオ上に表してみると図表6のようになる。スペシャリストとプロフェッショナルの違いは，前者は組織への忠誠心や帰属意識が強く，終身雇用を前提にしたストック型人材としての色彩が強いが，後者は組織への忠誠心や帰属意識が弱く，有期の雇用契約や業務委託契約を交わし，自己の専門性を媒介とし業務を請け負うフロー型人材である。本論文におけるプロフェショナルは，上述したように，一部組織に対するコミットメントや雇用のあり方において違いが見られるものの，コミットメ

図表6　人材ポートフォリオにおけるプロフェッショナル

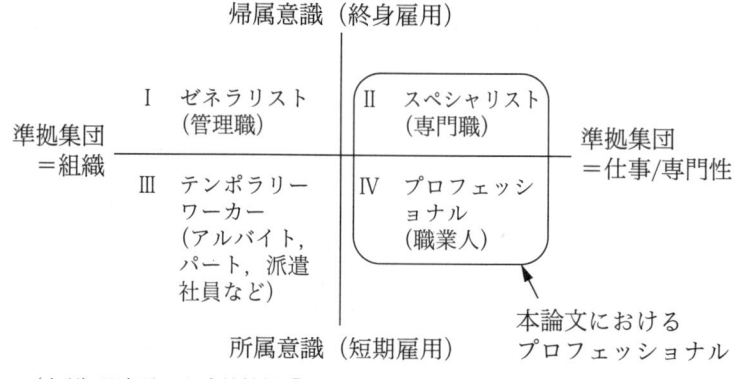

	帰属意識（終身雇用）	
準拠集団 ＝組織	Ⅰ ゼネラリスト （管理職）	Ⅱ スペシャリスト （専門職）	準拠集団 ＝仕事/専門性
	Ⅲ テンポラリーワーカー （アルバイト，パート，派遣社員など）	Ⅳ プロフェッショナル （職業人）←本論文におけるプロフェッショナル	
	所属意識（短期雇用）	

（出所）服部治・谷内篤博編『人的資源管理要論』晃洋書房，2000年，45頁

ントの中心が仕事や専門性におかれ共通している点から，スペシャリストとプロフェッショナルの2つから成るものと考えた。本来ならば，プロフェッショナルはIV象限の職業人的プロフェッショナルに特定した方が概念整理しやすいが，これではプロフェッショナルは外部調達型人材として位置づけられ，キャリア形成の視点が抜け落ちてしまう点と，プロフェッショナルのキャリアとは特定組織における仕事経験の連鎖，つまり組織内でのキャリア形成を中心とする考えに基づき，本論文におけるプロフェッショナルにスペシャリスト含めることとする。

3.2　プロフェッショナルの類型化とその実態
（1）プロフェッショナル人材の類型化

リクルートワークス研究所は，同研究所が行った「ワーキングパーソン調査2004」から得られたプロフェッショナル人材として必要な能力をベースに，図表7のようなプロフェッショナル人材の類型化を試みている。縦軸は「ヒューマンスキル―企画・発想力」の度合いを表しており，横軸は自己の専門性の「統合―深掘り」を表している。

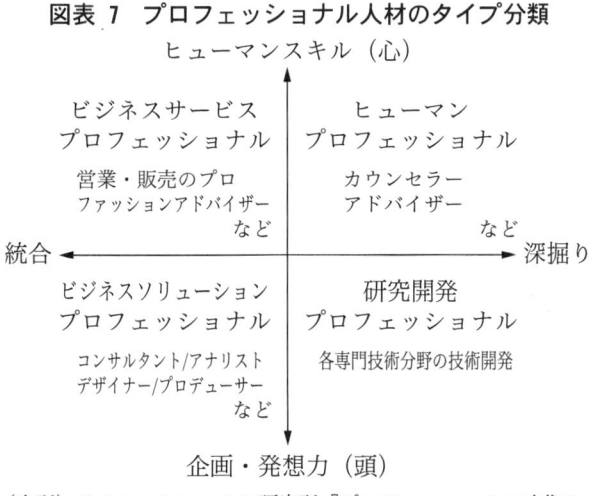

図表7　プロフェッショナル人材のタイプ分類

```
                    ヒューマンスキル（心）
                            │
     ビジネスサービス         │      ヒューマン
     プロフェッショナル       │      プロフェッショナル
                            │
     営業・販売のプロ         │      カウンセラー
     ファッションアドバイザー │      アドバイザー
              など          │         など
   統合 ────────────────────┼──────────────────── 深掘り
                            │
     ビジネスソリューション   │      研究開発
     プロフェッショナル       │      プロフェッショナル
                            │
     コンサルタント/アナリスト│      各専門技術分野の技術開発
     デザイナー/プロデューサー│
              など          │
                            │
                    企画・発想力（頭）
```

（出所）リクルートワークス研究所『プロフェッショナル時代の到来 2005』18-19頁

この分類によれば，プロフェッショナルは主に営業・販売のプロを中心とする「ビジネスサービスプロフェッショナル」，カウンセラーやヘルスアドバイザーを中心とする「ヒューマンプロフェッショナル」，コンサルタントやアナリストを中心とする「ビジネスソリューションプロフェッショナル」，特定分野の技術開発を担当する「研究開発プロフェッショナル」の4つのタイプが想定されている。このようなプロフェッショナル人材のタイプ分類は，調査から得られた能力データをベースに多変量解析がなされており，極めて客観性が高いと同時に，4

つのタイプいずれを見ても実際のビジネス社会で実際に求められている高度専門家人材群を包括している。

しかし，その一方でまさに今求められつつある次世代経営者，つまり事業創造や新たなビジネスモデルで事業展開ができるような次世代の経営を担うリーダー（経営のプロ）が含まれていない。今後の企業経営において求められているのは，企業内において分散されたナレッジを組織知として吸い上げ，それを新たな事業展開につなげていけるプロデュース型プロフェッショナルである。図表8は，このようなプロデュース型プロフェッショナルを含めたプロフェッショナル人材の類型化を試みたものである。テクノクラート型プロフェッショナルとは，専門性の適用範囲は狭いものの，事業との直結性が高く，特定分野の技術開発や研究開発，さらには戦略的思考に基づくソリューション型営業が担える人材を表している。これは図表7における研究開発プロフェッショナルとビジネスサービスプロフェッショナルを包括した概念である。　2つ目のファンクショナル型プロフェッショナルは，事業との直結性は低いが，専門性の適用範囲は広く，企業に必要なファンクション，たとえば人事，財務・経理，法務などの職能分野における高度な専門性を有したプロフェッショナル人材を表している。これは図表7におけるビジネスソリューションプロフェッショナルに近い概念である。

最後のプロデュース型プロフェッショナルは，自分の専門分野における高度な専門性と経営センスを兼ね備えたプロフェッショナル人材を表しており，次世代の経営を担えるリーダー人材である。

ところで，留意すべき点はこのようなプロフェッショナル人材のタイプ分類は，実態調査に基づくリクルートワークス研究所の分類と異なり，育成すべき人材群といった視点からやや観

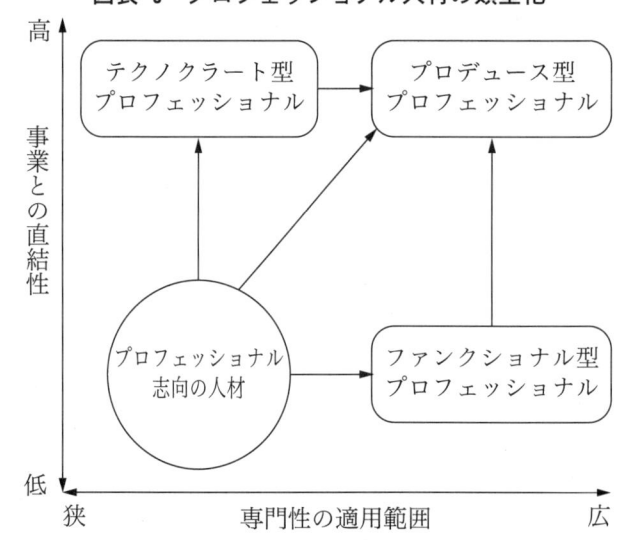

図表 8　プロフェッショナル人材の類型化

念論的に導き出されたもので，今後実態調査による裏付けが必要となってこよう。

（2） プロフェッショナル人材の実態（規模）

リクルートワークス研究所は，前述の調査より得られたデータを活用して，わが国におけるプロフェッショナル人材の数を算出している。プロフェッショナルの定義に関しては，本論文の定義とは厳密に見れば異なるが，わが国におけるプロフェッショナルの現状を把握するのには大いに参考になる。

図表9を見れば，プロフェッショナル人材は産業合計で569万人で，雇用者数の11.6％を占める。産業別には，サービス業が216万人と人数は最も多く全体の約4割を占めるものの，プロフェッショナル化率は12.6％とそれ程は高くない。それに対して，電気・ガス・水道は7万人と数は最も少ないものの，プロフェッショナル率は逆に21.6％と全産業のなかで最も高くなっている。次に高いのは建設業と製造業で，それぞれ16.3％，13.1％となっている。逆に最も低いのが卸・小売飲食店で6.7％となっている。

また，プロフェッショナル人材の数を専門領域別に見てみると，「営業」が最も多く86万人，次いで「管理職」（50万人），「事務系専門職」（50万人），「研究開発」（40万人），「専門技術職」（30万人）となっている。

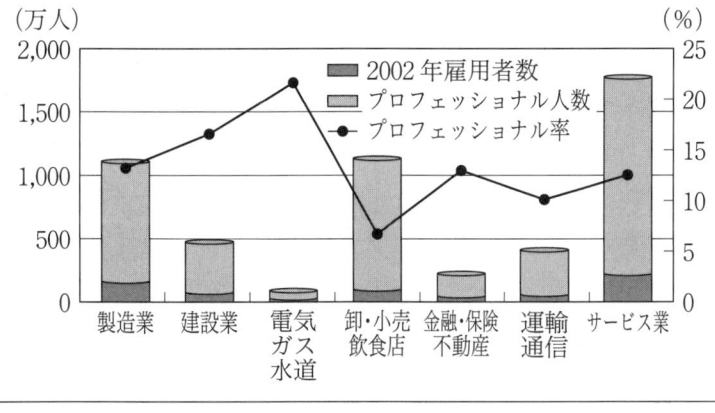

図表 9　プロフェッショナル人材の規模

	製造業	建設業	電気ガス水道	卸・小売飲食店	金融・保険不動産	運輸通信	サービス業
雇用者数＊2	1,063	428	33	1,088	200	370	1,717
プロフェッショナル人数	140	70	7	73	26	37	216
プロフェッショナル率	13.1％	16.3％	21.6％	6.7％	12.8％	10.1％	12.6％

＊1　農林水産業，鉱業は「ワーキングパーソン調査2004」のサンプル数が少ないため，プロフェッショナル人材の推計から除いている。
＊2　役員を除く。
（出所）リクルートワークス研究所『プロフェッショナル時代の到来2005』14頁

さらに、興味深いのは同研究所はサービス経済の進展や産業の高度化にともなってプロフェッショナル人材は今後増加し、2015年には612万人に達すると予想している点である。その結果、雇用者に占めるプロフェッショナル人材の比率（いわゆるプロフェッショナル化率）は12.6％に上昇するものと思われる。[11]

4　プロフェッショナル育成に向けたキャリア形成

4.1　体系的な知識教育と経験学習の融合

　これまでのわが国の人材育成の方法は、OJTや階層別教育を中心に展開されてきた。OJTや階層別教育は、従業員全体の底上げと企業特殊技能（firm specific skill）の習得には効果があるとともに、管理職やスキルワーカーの育成には適した手法であった。しかし、ナレッジ競争下におけるプロフェッショナルの育成には、こうした人材育成の手法では限界がある。プロフェッショナルの育成には、「守・破・離」の原則に基づく体系的な知識・専門教育が必要である。守・破・離とは、茶道の世界で生まれた言葉であるが、守とは基礎固めを意味しており、まず基盤となる基礎的知識を習得し、次いで破、つまり応用知識の習得をはかり、最後に離、つまりこれまで習得した知識をベースにオリジナリティを発揮することを意味している。プロフェッショナル育成には、このような知の体系化が可能となるような教育が必要である。そのためには、従来の画一的な階層別教育にのみ依拠することなく、コーポレート・ユニバーシティ（CU）を設置し、内・外の労働市場にも通用するような高度な専門的知識や技能の習得が可能となるような高度専門教育が必要と思われる。

　富士通では、2002年4月にFUJITSUユニバーシティを設置し、コンサルタントやプロジェクトマネジャー、プロダクトエンジニアなどのプロフェッショナルの育成を目指した選抜型の精鋭教育に取り組み始めた。[12] 教育内容は、プロジェクトの担保とも言うべき資格取得のための教育やナレッジ・コミュニティ（輪講、事例報告会、メンタリング）の構築などから成り立っている。

　同様に、博報堂は2005年4月に、社長直轄の人材育成機関としてHAKUHODO UNIVERSITYを設置し、クリエイティブな同社を支えるプロフェッショナル人材の育成に取り組み始めた。[13] 博報堂のプロフェッショナル育成に向けたプログラムは大きく2段階に分かれており、複数領域の専門性を併せもった粒ぞろいのプロの育成を目指した「経験と教育」段階と、さらなる高度なプロの育成を目指した「挑戦機会の付与」段階から成り立っている。挑戦機会としては、新しい構想力のための構想サロンや構想の具体化を目指した構想LABなどが設けられている。さらに、関連施策として次世代の経営を担うリーダーを育成すべく、博報堂マネジメントスクールを開講し、プロフェッショナル人材育成のバックアップをはかっている。

ところで，このようなコーポレート・ユニバーシティの設置によるプロフェッショナル育成をはかっている富士通，博報堂に共通しているのは，単なる知識や技術の習得に狭く拘泥することなく，その根本に共有すべき価値観（shared value）を醸成する The Fujitsu Way, HAKUHODO Way に対する教育を徹底している点である。プロフェッショナル人材の流出を未然に防ぐためには，こうした理念教育が極めて重要と思われる。

と同時に，プロフェッショナルの育成には，キャリア・トランジッションにおける「異質・良質な経験」も必要になってくる。これはキャリア形成の節目において，前述の守・破・離の破と離に相当するような大きな成長の機会となる異質・良質な経験をさせることを指しており，習得した専門知識を現実のマネジメントの場に実際に適用することで知識教育と経験学習の融合が可能となる。金井（2001, 2002）も知的競争力としての人材を育成するためには，「一皮むける経験」（quantum leap experiences）が重要であることを指摘している。異質・良質な経験としては，全社プロジェクトへの参画，プロジェクトや新規事業の立ち上げ，海外子会社での勤務，異業種交流などの他流試合への参加，社外トレーニーとしての派遣などが考えられる。

4.2　FA制度の導入とキャリアオプションの多様化

プロフェッショナルの要件で言及したように，プロフェッショナルは自らのキャリアビジョンをもち，セルフマネジメントの原則に基づき，主体的に仕事をデザインし，意思決定していくことを強く志向している存在である。従来のような硬直的な組織運営に基づく上意下達型のジョブ・システムでは，このようなプロフェッショナル志向のニーズに応えられないばかりでなく，プロフェッショナルの育成そのものが危ぶまれる。

プロフェッショナルの育成やキャリア形成をはかっていくためには，自らの意思で仕事や勤務先が選択できるようなFA（フリーエージェント）制度やジョブ・リクエスト制度の導入が必要となってくる。前述の博報堂では，HAKUHODO UNIVERSITY の設置と並行して，プロフェッショナル育成に向けた自律的なキャリア開発を推進するジョブ・チャレンジ制度を整備・拡充した。制度は，複数領域の専門性をもつ粒違いのプロを育成する「多段階キャリア選択制度」，一定条件を満たした高いパフォーマンスの社員にFA権を付与し，自分の意思で異動先が選択できる「FA制度」，組織が欲しい人材を広く全社から公募する「社内公募制度」から成り立っている。同様の仕組みや制度は藤沢薬品工業，住友商事，オリンパス光学工業などでも導入されており，先進的な企業で広がりを見せ始めている。

このような個人の自律的なキャリア開発を推進するFA制度やジョブ・リクエスト制度は，一部要員計画との調整が必要であるが，プロフェッショナル人材にとっては魅力のある内的報酬（intrinsic reward）となり，より専門性を高める大きなインセンティブにつながる。また，キャリア選択に関しても，個人の自主的なキャリアデザインに基づき，キャリア選択が可能と

なるような仕組みや制度が必要と思われる。プロフェッショナル志向の人材は，仕事を介した個人と組織との緩い関係（ルースカップリング）を希求しており，キャリア選択においても自らのキャリアデザインに基づく主体的な選択を強く望んでいる。従来のゼネラリストや管理職育成に向けた単一のキャリアパスや人事制度では，このようなプロフェッショナル人材のキャリアニーズに応えていくことはできない。個人の自律的なキャリア選択が可能となるような複線型人事制度やコース別人事制度などの導入をはかり，キャリアオプションの多様化をはかっていく必要がある。

4.3　firm specific skill から employability への転換

従来の人材育成は終身雇用を前提に，企業固有の職業能力（firm specific skill）の習得を中心に展開されてきた。その結果，企業内教育で習得する能力・技能は，他社で通用しない非汎用的な能力・技能に陥りやすく，プロフェッショナル志向の人材にとっては魅力に乏しいのみならず，新たな競争優位の源泉となるナレッジの創出につながらない危険性すらある。プロフェッショナル人材の育成には，企業固有技能の習得に拘泥することなく，内・外の労働市場で通用しうる高度な専門性からなるエンプロイアビリティ（employability）の習得も視野に入れていく必要がある。

エンプロイアビリティは，1990年代に欧米を中心に，失業率の高まりに対する懸念や内部労働市場を中心とした雇用慣行の優位性の低下を背景に登場したものであるが，わが国でも日経連（現，日本経団連）を中心に本格的導入が進められている。図表10からも明らかなように，エンプロイアビリティには，内部労働市場（自社）で評価される能力と外部労働市場（他社）で評価される能力の二面性（図表のCの部分）がある。

このようなエンプロイアビリティの開発は，従来のOJTや階層別教育などでは難しく，前

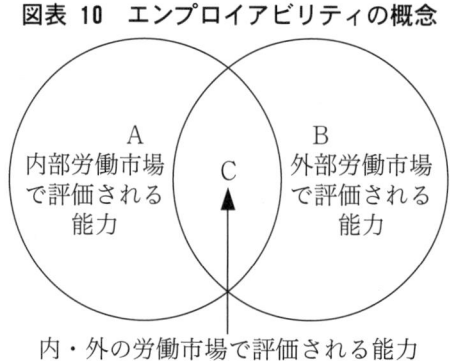

図表 10　エンプロイアビリティの概念

A　内部労働市場で評価される能力
B　外部労働市場で評価される能力
C　内・外の労働市場で評価される能力（＝employability）

（出所）諏訪康雄「エンプロイアビリティは何を意味するか？」『季刊労働法』No.199（2002年），87頁

述したコーポレートユニバーシティ（CU）の活用が望まれるが，一企業のみでの対応では限界があるものと思われる。エンプロイアビリティの開発は，将来の職業別労働市場の形成を視野に入れるならば，むしろ業界マター（matter）と言っても決して過言ではない。そこで，本論文では，そういう視点にたち，業界サイドにおけるプロフェッショナル人材の育成方法としてコンソーシアム型CUの設置を提唱したい。これはいわば業界連動型CUで，その代表的なものとしてはIFI（Institute for The Fashion Industries）があげられる。[16] IFIは，繊維，ファッション業界の主要企業40社などの出資により設立されたもので，業界としての次世代のビジネスを担うプロフェッショナル人材の育成を目指している。一部，電機連合などにおいて労働組合も雇用流動化を背景に，業界全体でエンプロイアビリティを高めるための施策づくりに着手する動きが見られるが，今後ますますその必要性は増してくるものと思われる。

このような業界連動型CUを通したエンプロイアビリティの開発は，プロフェッショナル志向人材の専門性を高め，新たな競争優位をもたらすとともに，当該企業や産業の魅力をも高め，外部から優秀な人材を惹きつける効果も生むものと考えられる。

4.4　ロールモデル，メンターの活用

プロフェッショナル人材を育成していくためには，これまで述べたきたようなキャリア形成の仕組みや方法論だけでは決して十分とは言えず，具体的なゴールイメージとも言うべきモデルとなる人材が必要である。キャリアトランジッションにおいて，自分の専門分野を決定したり，あるいはキャリアコースを選択したりする際に，会社の中に模範となるような人間，いわゆるロールモデルが存在していると，キャリアビジョンが立てやすく，かつ意思決定もスムーズにしやすくなる。また，こうした目標となる人材をキャリア選択やキャリア形成におけるキャリアアドバイザーとして活用すれば，メンタリング効果をももたせることができる。

このように，プロフェッショナル育成を効果的な形で根付かせ，実効あるものにしていくためには，プロフェッショナル育成に向けたキャリア形成の仕組みや方法論のみならず，社内におけるプロフェッショナルの認定の仕方，見せ方とそのロールモデルとしての活用の仕方が重要となってこよう。

5　まとめと今後の課題

以上，プロフェッショナル志向の高まりの背景を企業サイドおよび働く個人サイドの両面から考察するとともに，プロフェッショナルの概念や要件の明確化，さらにはその類型化を試み，最後にプロフェッショナル育成に向けた望ましいキャリア形成のあり方として4つの方法論を提示した。わが国おいては，これまでホワイトカラーの活性化や専門職制度の導入などに関す

る調査研究が数多く展開されてきたが，プロフェッショナルの研究はナレッジが経営の競争力として認識されるのにともない，徐々に増えつつあるが，研究としてはまだ緒についたばかりである。本論文がなんらかの形で今後のプロフェッショナル研究に貢献できることを願って止まない。

ところで，本論文でのまとめの考察を展開するあたって残された課題が2つある。1つは本格的なプロフェッショナル社会到来に向けたインフラの整備である。本論文でこれまで言及してきたことは，あくまでも一企業におけるプロフェッショナル化への対応であり，自ずとそこには限界も見られる。紙幅の関係で詳しくは言及できないが，プロフェッショナル社会の本格的到来に向けて，わが国においても専門性の程度を評価する第三者機関や職業コミュニティ，専門職大学院，さらには横断的な職業別労働市場などの社会的インフラが必要となってこよう。

もう1つは，プロフェッショナルに対するリテンション策である。プロフェッショナルのコミットメントの対象は仕事におかれており，組織に対する帰属意識は低い。自分の専門性が評価され，快適な仕事環境を与えてくれれば，転職をも辞さない。ましてや今後はナレッジが経営の競争力を左右する時代となり，優秀なプロフェッショナルの獲得競争はさらに激しくなることが予想される。プロフェッショナルのキャリア形成と並行して，優秀なプロフェッショナルを確保し引き留めるリテンション策が重要な経営課題となってくるものと思われる。

〈注〉
(1) 山崎秀夫『企業ナレッジポータル』野村総合研究所，2002年，1頁。
(2) 知的資本（intellectual capital）という概念は，1991年にフォーチュン誌によって初めて使われたもので，現在では企業の最も価値のある資産で，最大の競争力の源泉と位置づけられており，それをベースにした知的資本経営は世界的関心事となっている。知的資本経営の先駆的企業としては，スカンディア社，ダウ・ケミカルなどがあげられている。リクルートワークス研究所では，知的資本経営の構成要素として，人的資本，関係資本，構造資本の3つをあげている（詳しくはリクルートワークス研究所『Works 42』(2000.10-11) における特集：知的資本とナレッジワーカーを参照）。
(3) 本節の記述は，拙著『働く意味とキャリア形成』（勁草書房，2007年）における第1章第2節「職業観の変化」および第5章「プロフェッショナル志向の高まりと転職行動」に依拠。
(4) 太田（1997）は個人と組織の関わり方に関して，直接統合と間接統合といった2つの概念を援用し説明している。直接統合は仕事よりも組織に対するコミットメントが高く，組織との一体化を強く志向しており，組織人モデルと位置づけられている。一方，間接統合は仕事へのコミットメントが高く，仕事を通して組織と間接的に関わっていくことを志向しており，仕事人モデルと位置づけられている。
(5) 中根（1967）は日本と欧米の社会における人間関係を，「場」と「資格」といった概念を援用し，日本社会における人間関係は職種（つまり，資格）よりも会社，すなわち場を強調する点に特徴があるとしている。
(6) 太田肇『プロフェッショナルと組織』同文舘，1993年，15-19頁を参照。
(7) 宮下清「職務の専門性を担う組織内プロフェッショナル」『日本労務学会誌』第4巻第2号，2002年，p. 15。
(8) 大久保幸夫『ビジネス・プロフェッショナル』ビジネス社，2006年，29-32頁を参照。

(9) 同調査におけるプロフェッショナルとは,「自分の専門領域を自分で決めている」かつ他人からの評価が「仕事で,自分なりのやり方で高く評価されている」または「広く社会に自分の仕事が自分の名前で認められる」と回答した人である（詳しくはリクルートワークス研究所『プロフェッショナル時代の到来2005』2005年を参照）。
(10) リクルートワークス研究所『プロフェッショナル時代の到来2005』2005年, 15頁。
(11) 同上書, 16頁。
(12) 詳しくはダイヤモンド社編『DIAMOND Harvard Business Review』12号：特集企業内大学65頁を参照。
(13) 詳しくは日本経団連出版編『キャリア開発支援制度事例集』2005年, 95-102頁を参照。
(14) 同上書, 103-113頁を参照。
(15) 詳しくは労務行政研究所『労政時報：導入進む社内FA・社内公募制度』2002年, 第3524号参照。
(16) IFIには, マスターコース, プロフェッショナルコース, マネジメントコース, エグゼティブコースの4つのコースが存在しており, その講師の大半は企業の経営者や実務家で占められている（詳しくはリクルートワークス研究所『Works』53号（2002.8-9）31-32頁参照）。

〈参考文献〉

大久保幸夫（2006）『ビジネス・プロフェッショナル』ビジネス社。
太田肇（1993）『プロフェッショナルと組織』同文舘。
太田肇（1997）『仕事人の時代』新潮社。
金井壽宏・古野庸一（2001）「一皮むける経験とリーダーシップ開発」『一橋レビューSUM』。
金井壽宏（2002）『仕事で「一皮むける」』光文社。
紺野登・野中郁次郎（1999）『知的経営のすすめ』ちくま書房。
ダイヤモンド社編（2002）『DIAMOND Harvard Business Review』12号。
長尾周也（1995）『プロフェッショナルと組織』大阪府立大学経済学部。
中根千枝（1967）『タテ社会の人間関係』講談社。
日本経団連出版編（2005）『キャリア開発支援制度事例集』日本経団連出版。
日本高等教育学会編（2004）『プロフェッショナルと大学』玉川大学出版部。
野中郁次郎（1990）『知識創造の経営』日本経済新聞社。
服部治・谷内篤博編（2000）『人的資源管理要論』晃洋書房。
松尾睦（2005）『経験からの学習』同文舘。
宮下清（2001）『組織内プロフェッショナル』同友館。
宮下清（2002）「職務の専門性を担う組織内プロフェッショナル」『日本労務学会誌』第4巻第2号。
守島基博（2005）「経営の変化と人材育成の未来」『次世代人材育成の手引』労務行政研究所。
谷内篤博（2002）「企業内教育の現状と今後の展望」『文京学院大学経営論集』第12号第1巻。
谷内篤博（2005）『大学生の職業意識とキャリア教育』勁草書房。
谷内篤博（2007）『働く意味とキャリア形成』勁草書房。
山崎秀夫（2002）『企業ナレッジポータル』野村総合研究所。
リクルートワークス研究所（2000）『Works』42号（2000.10-11）。
リクルートワークス研究所（2002）『Works』53号（2002.8-9）。
リクルートワークス研究所（2005）『Works』69号（2005.4-5）。
リクルート雇用政策プロジェクト編（2005）『プロフェッショナル時代の到来2005』リクルートワークス研究所。
労務行政研究所（2002）『労政時報：導入進む社内FA・社内公募制度』第3524号。

Cappelli, P. (1999) *The New Deal at Work*, President and Fellows of Harvard College. （若山由美訳（2001）『雇用の未来』日本経済新聞社）

Ciulla, Joanne B. (2000) *The Working Life*, The CrownPublishing Group. （中島愛訳，金井壽宏監修（2003）『仕事の裏切り』翔泳社）

Davenport, Thomas H. (2005) *Thinking for a Living : How to Get Better Performance and Results for Knowledge Workers*, Harvard Business School Press in Boston. （藤堂圭太訳（2006）『ナレッジワーカー』講談社）

Drucker, Peter F. (1968) *THe Age of Discontinuity*, Harper & Row. （上田惇生訳（2007）『断絶の時代』ダイヤモンド社）

Greenwood, E. (1957) "The Elements of Professionalization", *Social Work*, Vol. 2, No. 3, pp. 44-55.

Hall, R. H. (1968) "Professionalization and bureaucratization", *American Sociological Review*, 33 : 92-104.

Meister, Jeanne C. (1992) *Corporate Universities*, McGraw-Hill.

Pink, Daniel H. (2001) *Free Agent Nation*, Waner Books. （池村千秋訳，玄田有史解説（2002）『フリーエージェント社会の到来』ダイヤモンド社）

Wilensky, H. L. (1964) "The Professionalization of Everyone?", *The American Journal of Sociology*, vol. 70, No. 2, pp. 137-158.

The professional-oriented surge and career formation

Bunkyo-Gakuin University

YACHI Atsuhiro

ABSTRACT

In environment surrounding companies, importance of the knowledge management is pointed out, and the values and occupational consciousness of employees change greatly. In this article, I clarify the concept and position the talented persons' portfolio about a professional coming into the limelight recently and refer about the ideal method of desirable career formation.

I want to point out the next four points for the desirable career formation for professionals.

① the fusion of the systematic knowledge education and learning by experiences

② the introduction of FA system and the diversification of career option

③ firm specific skills to employability

④ the use of role model and mentor as career adviser

研究論文

ものづくり中小企業におけるイノベーション
―イノベーション支援型企業を中心として―

東京都産業労働局　**奥山　雅之**

> 🔑 キーワード
> ものづくり　中小企業　イノベーション　人材育成　研究開発

はじめに（問題の所在）

　現在，各国政府はイノベーション創出強化に向けた政策を強めている。米国競争力評議会の「Innovate America」に基づき，2006年2月には米国政府が，イノベーションの促進のための研究開発力強化等を内容とする「American Competitiveness Initiative」を発表した。

　わが国においても，2006年8月に発表した「新経済成長戦略」において，「人口減少社会で強い経済を確立するため，イノベーションと需要の好循環を目指していく」としている。

　さらに，2007年5月に発表された「長期戦略指針：イノベーション25」では，「2025年までを視野に入れ，豊かで希望にあふれる日本の未来をどのように実現していくか，そのための研究開発の推進，社会制度の刷新などの短期，中長期にわたって取り組むべき政策」を提示している。[1]

　経済がグローバル化し，コストや質という面において，多くの企業が相互に競争可能な状況下において，差異化が可能な新製品，新サービス，新プロセス等を生み出すイノベーションは国の産業競争力の源泉である。

　国の産業競争力だけでなく，企業間競争もイノベーションによって優勝劣敗が決定付けられる，いわば「イノベーション競争」の時代へと突入している。ものづくり分野においては，大企業やベンチャー企業を中心とした，自ら製品開発を行う企業（以下，「製品開発型企業」という。）においては，イノベーション創出に向けて自らが明示的に研究開発活動を実施するとともに，その優劣が経営成果の差となって表れている。一方，中小企業を中心とした，自ら製品開発を行わず，製品開発型企業等顧客からの受託により加工等を行う企業（以下，「受託加工型企業」という。）においては，イノベーション創出に向けた明示的な研究開発活動を実施してい

るというケースは多くない。
　しかし、受託加工型企業の経営成果の差は、製品開発型企業のそれと同じように存在している。また、受託加工型企業における高い成果の企業と低い成果の企業との経営成果の差は、短期的な成果の差、あるいは「フローとしての成果の差」だけに帰結するものではない。高い成果をあげている受託加工型企業は、イノベーションにより自社のコア・コンピタンスを強化しており、長期的な競争力を決定付ける技術・ノウハウの「進化の差」、つまり「ストックとしての成果の差」としても表出してくる。
　以前のように、情報の偏在や取引費用の存在などにより取引関係の固定性が強かった時代であれば、それは顧客の差、営業活動の差、あるいはそれまで蓄積した技術・ノウハウの差として、ある程度説明できる。しかし、取引関係のメッシュ構造化にともない、単純直列の下請け構造が大きく変化し、取引関係は多面的に展開されている現在では、顧客の差といった静的な要因での説明力は弱くなっている。やはり、「受託加工型企業」においてもまた、イノベーションの差が経営成果の差となっているのではないかと考えられる。
　本研究では、こうした問題意識のもと、「受託加工型企業」が、どのようにイノベーションに関与していくかを考察していく。こうした企業は、顧客からの情報・知識・技術を活用しながらイノベーションを創出していく「イノベーション型取引」を行うことを特徴としている。顧客にとっても「未知」、自社にとっても「未知」のものを創り出そうとする協働的な「イノベーション型取引」を核として、独自のイノベーションサイクルを構築する。つまり、製品開発型企業のイノベーションを支援しながら、自らもイノベーションを創出させているのである。こうした企業を、従来型の受託加工型企業とは別に「イノベーション支援型企業」と呼ぶ。
　また、本研究では、「イノベーション支援型企業」がどのようなイノベーションサイクルを構築しているのか、「イノベーション支援型企業」が、どのような経営上の特徴を有しているのかについても明らかにしていく。さらに、こうした「イノベーション支援型企業」の経営上の特徴においては、特に社内人材育成の観点から分析することとしたい。
　なお、「イノベーション」には、多くの定義があるが、シュンペーター（Schumpeter, 1912）の定義が最もよく知られている。これによれば、イノベーションとは、「経済活動において旧方式から飛躍して新方式を導入すること」であり、次の5つの種類がある。[(2)]

(1) 新しい財貨、すなわち消費者の間でまだ知られていない財貨、あるいは新しい品質の財貨の生産
(2) 新しい生産方法、すなわち当該産業部門において実際上未知な生産方法の導入。これはけっして科学的に新しい発見に基づく必要はなく、また商品の商業的取扱いに関する新しい方法をも含んでいる。
(3) 新しい販売先の開拓、すなわち当該国の当該産業部門が従来参加していなかった市場

の開拓。ただしこの市場が既存のものであるかどうかは問わない。
(4) 原料あるいは半製品の新しい供給源の獲得。この場合においても，この供給源が既存のものであるか―単に見逃されていたのか，その獲得が不可能とみなされていたかを問わず―あるいは初めてつくり出さねばならないかは問わない。
(5) 新しい組織の実現，すなわち独占的地位（たとえばトラスト化による）の形成あるいは独占の打破。

シュンペーターは，「新しいアイデアから社会的意義のある新たな価値を創造し，社会的に大きな変化をもたらす自発的な人・組織・社会の幅広い変革である」と説明している。この説明においては，非連続なイノベーション，過去の延長線上にはないイノベーションの重要性が強調される。ここでは，これを「狭義のイノベーション」とする。

他方，この定義を拡大し，非連続でない「漸進的な」取組みもイノベーションであるとする解釈もある。イノベーションは，製品や製法が市場で受け入れられて初めて実現すると考えられるので，イノベーションが波及するためには，画期的なイノベーションだけでは不十分であり，それを補完するような漸進的なイノベーションによる多くの改善や改良が必要であるとの考え方に基づくものである。たとえば，応用的な技術の改良，地道な生産現場による生産技術の改善などもイノベーションに該当するとされる。これを，ここでは，前述の「狭義のイノベーション」に対して「広義のイノベーション」とする。

もっとも，ある「イノベーション」といわれるものの変化が非連続的なものなのか，漸進的なものなのかは相対的であるとの面は否定できず，明確に区分できないのも事実である。よって，本研究では，イノベーションを，漸進的イノベーションもその定義に含まれると解釈し，画期的イノベーションと漸進的イノベーションを含めたもの（「広義のイノベーション」）を「イノベーション」と定義して使用することとしたい。

1 イノベーションと受託加工型企業

1.1 受託加工型企業におけるイノベーションの特徴

多くの中小企業を中心とした受託加工型企業においては，製品開発型企業のように明示的な研究開発活動を実施していない。では，こうした企業のイノベーション創出プロセスは，どのようなものなのであろうか。

イノベーションの創出には，必要な一定の資源投入量（またはコスト）としての「閾値」が存在する。しかし，経営基盤が脆弱な中小企業が中心となる受託加工型企業においては，イノベーションに対し大量の経営資源を先行投入して事業化できないという状況は許されない。このような状況下では，一般的なイノベーションにかかる先行投資のリスクに対する許容度は低

い。

　また，多くの受託加工型企業の弱みは最終市場へのアクセスである。これは，イノベーションプロセスに重要な「技術と最終市場との相互作用」が限られることを意味する。受託加工型企業のイノベーションプロセスにおいて，こうした市場に関する作用については，製品開発型企業など他企業の資源を活用していくことが求められる。

　そのため，受託加工型企業においては，製品開発型企業のように開発活動に伴う期待値の大きさを見据えてイノベーションに対する明確な先行投資を行うよりも，顧客との取引の中で一定の収益を確保しつつ，顧客からの情報・知識・技術を活用しながら企業の競争力の源泉となるイノベーションを創出していくことが重要であると考えられる。

　都内中小製造業を対象とした調査では，開発に際してのヒント（複数回答）として，「得意先から直接に開発依頼・指示を受けて」という回答が44.9％に上るほか，「得意先の言動からヒントを得て」という回答も31.2％と多くなっている。この調査結果は，製品開発型企業を含めた中小企業全体を対象としたものではあるが，中小企業の多くを占める受託加工型企業のイノベーションにおいても，顧客からの作用が大きく影響することを示唆している（図表1）。

図表 1　開発に際してのヒント

複数回答

自社の既存技術を改良して	個人のアイデア	得意先から直接に開発依頼・指示を受けて	得意先の言動からヒントを得て	他社等の関連技術から	異業種・同業主交流から	文献や論文を調べて	マスコミ報道からヒントを得て	大学の研究成果から
58.7	46.1	44.9	31.2	30.8	25.6	8.4	6.5	4.5

（出所）東京都産業労働局「中小企業の現状（製造業編）」2007年3月，65頁

1.2　製品開発型企業のイノベーションと外部資源活用

　次に，受託加工型企業のイノベーションについて，製品開発型企業の外部資源活用の側面から考察していきたい。

　どんな企業であっても，イノベーションを生み出すための経営資源を自社内部で保有することは困難であり，外部資源の活用が必要である。事実，イノベーションにおいて，外部組織が重要な役割を果たすことがわかっている。また，近年では，イノベーションには統合型組織（資源の内部化）の方が全体調整の容易さなどの点で有利である一方，外部資源の活用による内部資源の節約，コストの低減，専門的外部ノウハウの活用など，イノベーション創出の局面において，外部資源活用のメリットは増大している。こうした状況の中，自社開発が主体であった医薬品業界における大手企業とベンチャー企業との開発分業など，外部資源活用による新しい形のイノベーションが拡大してきている。

イノベーションにおける外部資源の活用拡大の背景として，次の４点を挙げることができる。

第一には，一つのイノベーションに必要な技術・ノウハウの多様化，複雑化である。技術・ノウハウが多様化，複雑化のなかでは，イノベーションに必要な技術・ノウハウを自社内部で揃えておくのは困難である。(5)

第二には，前述した「取引関係のメッシュ構造化」である。厳しい経済環境の中，川下（最終製品），川中（部品・材料），川上（原材料・素材）の各段階で厳しい競争が行われた結果，従来の単純直列の下請け構造が大きく変化し，取引関係は多面的に展開している。メッシュ構造化が，新たな取引関係を生み出し，イノベーション創出プロセスにおいても資源の相互活用を活発化させる素地となる。

第三には，デジタル家電に見られるような製品・技術ライフサイクルの短命化にともなうスピーディなイノベーションへの要請である。イノベーションの創出頻度向上のため，外部資源の活用によるイノベーションの加速化が重要となっている。

第四には，大企業の開発活動における経営資源の一部欠落傾向が見られることである。近年，生産機能の海外化，90年代の技術者の大企業離れ，団塊世代の大量退職等の影響から，大企業の開発活動において必要な資源を内部で調達することが困難となってきている。特に，新製品開発においては，「何をつくるか」といった製品技術だけでなく，熟練技術を含めた「どうやってつくるか」といった生産技術の援用が必要である。しかし，近年，生産機能の海外化，大企業における熟練技術者の減少から，大企業においても企業単体では必要な熟練技術が内部で調達困難となっている。特に，技術・ノウハウのデジタル化が進み，イノベーションプロセス全体のスピード化が図られるなかで，アナログ的な熟練技術が必要な部分がネックプロセスとなっている。

2　イノベーション支援型企業とイノベーション取引

2.1　イノベーション支援型中小企業の台頭

以上のように，イノベーション創出局面において，製品開発型企業においても外部の熟練技術等を求めている状況にある。特に，「受託加工型企業」が強みとする熟練技術を求めるニーズは高い。ここでは，イノベーションの創出に重要な役割を担う熟練技術として，多くの中小企業（正確に言えば中小企業の人材）が有する「知的熟練」に着目する。

知的熟練は，製品・構成する部品やそれらを生み出す生産プロセス自体の不具合の発生原因を，迅速かつ的確に探り当て解決できる技能である。小池（2005）によれば，「量産ラインで働く直接生産労働者の労働は，よく見ると，"ふだんの作業"のほかに"ふだんと違った作業"があり，"ふだんと違った作業"のためには機械の知識や生産の仕組みの知識が必要」となっ

ている。この知的な性質のため，"ふだんと違った作業"をこなす熟練は「知的熟練」と呼ばれる。この「知的熟練」こそが，イノベーション創出の際に引き起こされる数々の矛盾やトラブル，調整などを解決に導く。技術・ノウハウのデジタル化が進み，イノベーションプロセス全体のネックプロセスとなっている「知的熟練」の必要性が高まれば，これを保有する外部組織としての受託加工型企業の重要性が高まる。

　製品開発型企業は，このような知的熟練に代表されるイノベーションに必要な技術・ノウハウを有する受託加工型企業を活用しようとする。こうした状況変化に対応し，試作や多品種少量生産を受託していた受託加工型企業の一部には，知的熟練をはじめとする技術・ノウハウを活かして，以下のようなかたちで製品開発型企業のイノベーションプロセスに深く関与する企業が出現してきているのである。

(1)　顧客の新製品・新プロセスの一部を構成する，オーダーメイド型の新部品，新製造設備，新システム等の開発の受託
(2)　大企業等顧客の研究所・研究開発部門の行う研究開発の一部の受託
(3)　顧客の製品設計に対する問題解決サービスを含む試作または量産の受託

　これらの企業は，ニッチ市場や特定の自社製品で存在感を示す「オンリーワン企業」のように脚光は浴びていないが，大企業を中心とした製品開発型企業のイノベーションに必要な知的熟練等を提供・補完する存在として重要性が高まりつつある。本研究では，こうした業務内容を持つ受託加工型企業を，製品開発型企業のイノベーションを支援する取組みを行うことから，通常の受託加工型企業とは分けて，「イノベーション支援型企業」と呼ぶことにする。

2.2　イノベーション型取引

　さて，「イノベーション支援型企業」は，製品開発型企業に対し，どのようなプロセスで深く関与していくのであろうか。

　レオナルド（Leonard, 1995）は，外部知識を導入するメカニズムとして，「視察，非独占的ライセンス，R＆D契約，株の一時買い取り・教育的吸収，共同開発，独占的ライセンス契約，JV，M＆A」などを挙げている。しかし，ものづくり中小企業が，こうした製品開発型企業に対し，技術・ノウハウを提供するのは「取引」を通じてであることに特徴がある。この「取引」は，単に技術・ノウハウの交換・提供にとどまらず，相互の技術・ノウハウを高次に融合させながら，イノベーションを創出するという協働的な「取引」である。ここでは，こうした取引を，通常の取引と区分し，「イノベーション型取引」と呼ぶこととする。「イノベーション型取引」とは，「顧客との取引の中で一定の収益を確保しつつ，顧客からの情報・知識・技術を活用しながら，自社企業の競争力の源泉となるイノベーションを創出し，新たな価値と新たな知識を獲得していく取引」のことを指す。

つまり，イノベーション支援型企業は，製品開発型企業を中心とした顧客との間でイノベーション型取引を行うことを特徴としている。イノベーション型取引では，顧客の「未知」を解決することを支援するが，それは自社にとっても「未知」の領域であるため，顧客の持つ技術・ノウハウを活用して自らもイノベーションを創出し，その成果を顧客に提供する。顧客は，イノベーション支援型企業の技術・ノウハウを活用することにより，イノベーションを創出する（図表2）。

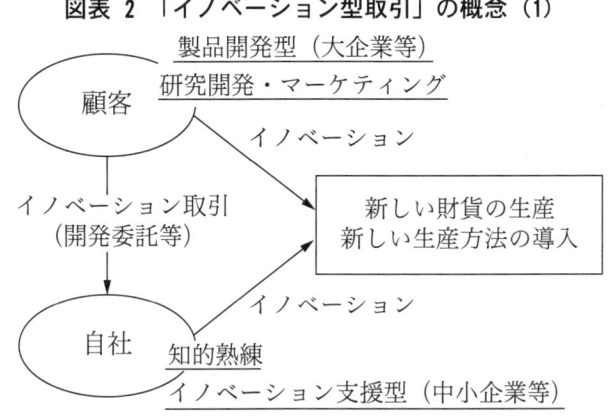

図表 2 「イノベーション型取引」の概念（1）

イノベーション型取引の概念を明確にするために，ものづくり中小企業における取引をタイプ別に分類する（図表3）。従来の受託加工型企業においては，顧客にとって，やり方は既知である業務を取引の対象としている。さらにこうした取引を細分類すると，典型的には，「顧客自身でも遂行可能なものについて需要変動のバッファ等として活用するために取引」をする「第Ⅰ象限（元請―下請）」，および「顧客自身では遂行困難な業務を，専門技術・ノウハウを有している受託加工型企業に委託」する「第Ⅱ象限（アウトソーシング）」がある。一方，イノベーション型取引は，顧客にとっても「未知」，自社にとっても「未知」のものを，相互作用のイノベーションによって創り出そうとする「第Ⅴ象限」である。

図表 3 「イノベーション型取引」の概念（2）

取引時の状況		顧　　客		
		やり方：既知		やり方：未知
		顧客自身で遂行可能	顧客自身で遂行困難	
自社	やり方：既知	Ⅰ　元請―下請 （需要のバッファ等）	Ⅱ　アウトソーシング	Ⅳ　提案型（営業）
	やり方：未知	—	Ⅲ　知識移転	Ⅴ　イノベーション型取引

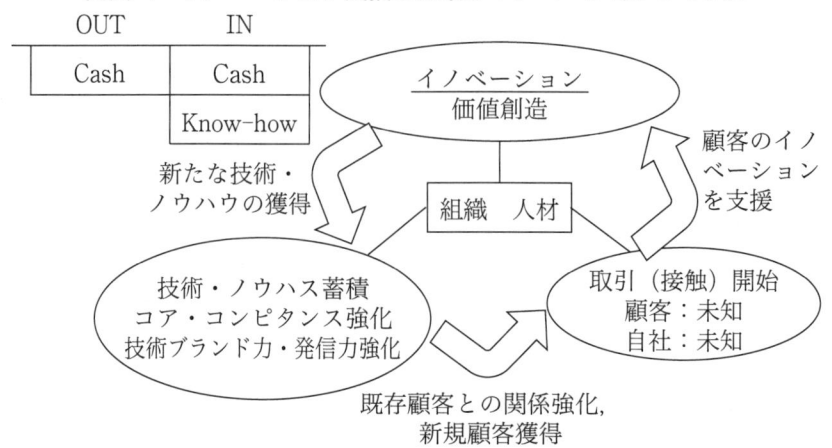

2.3 イノベーション支援型企業のイノベーションサイクル

イノベーション支援型企業は，イノベーション型取引によって，以下のような独自のイノベーションサイクルを構築する。

まず，顧客との取引を開始し，その顧客の要望に応えるためのイノベーションを創出しようとする。すなわち，新製品開発やプロセス革新といったイノベーション局面において，製品開発型企業に対し，部品供給や生産設備の供給を介して知的熟練等の技術・ノウハウが提供される。しかし，イノベーションに関する問題は複雑化しており，単なる既存の知的熟練等の提供では，イノベーションに資するような問題解決は困難である。

ここで，イノベーション支援企業は，いままでの知見を応用し，顧客のイノベーションに資するような新たな問題解決方法等を発見し，新しい部品や生産設備を通じて，その新たな知的熟練が顧客に提供される。そして，このプロセス自体も，イノベーション支援企業にとってのイノベーション創出となる。つまり，取引を通じてイノベーション支援型企業側でもイノベーションが創出される。

イノベーション支援型企業は，イノベーション型取引を通じ，イノベーションを創出し，自社内に新たな技術・ノウハウを獲得し，蓄積する。こうしたイノベーション取引によるイノベーションプロセスが，自社のコア・コンピタンスの強化につながっている。コア・コンピタンスの強化は，既存顧客との関係強化，新規顧客獲得を通じて，さらなる顧客との取引機会の拡大をもたらす。さらに，「イノベーション支援企業」側に蓄積された新たな技術・ノウハウが，近い将来，顧客への新たなイノベーション支援と自社にとっての新たなイノベーションに活かされていく（図表4）。

図表 4 イノベーション支援型企業のイノベーションサイクル

3 イノベーション支援型企業の経営と人材育成

　前述のイノベーション取引を中心としたイノベーションサイクルの構築は，受託加工型のものづくり中小企業にとっての有効な発展戦略の一つとして位置づけられると考えられる。

　ここでは，さらに議論を進め，イノベーション支援型企業の経営について，企業事例を考察しながら，その特徴を抽出していく。また，知的熟練等の提供がイノベーション支援型企業の強みであるため，経営面では，知的熟練の担い手である人材の育成のポイントについて言及していく。

3.1　イノベーション支援型企業事例

（1）　AM社（東京都八王子市）

　同社は，プレス加工やフライス加工による高精度機械部品加工を得意としている。特に，穴あけ加工では，他に追随を見ないサブミクロン単位での位置決め加工を可能としている。

　同社の本社工場はJRの駅から徒歩1分のところにある。経営者は「外部の情報が貰いやすいなど，駅に近いことは企業にとって優位点である」という。駅が近い同社には，商社等の営業担当者が立ち寄りやすいため，「今ここではこういう動きがある」等の外部情報をキャッチできることが，加工技術のみならず，同社の強みの一つになっている。また，自社からもメーカーにこまめに足を運び，小さな仕事を的確にこなしながら，地道に技術の信用・信頼を取引先に浸透させてきている。

　設備面では，外からの振動を抑えるため，地下7mに工場がある。工場には機械性能を最大限に発揮させる500mmの厚みを持つ床コンクリートを採用し，さらにその性能を確実なものにするための空調設備を備えている。また，駅近接地にあり，周辺の住宅環境に配慮できることも，「地下工場」の大きなメリットの一つとなっている。

　また，最新鋭・高精度の機械設備とともに，その性能を引き出す人材を有していることが，同社の強みの源泉となっている。特に顧客とのコミュニケーションを重視する人材の育成に力を入れている。こうした強みが成果になって現れてきており，以前は，大手メーカーの工作機械の部品において，当初は単なる一つの部品加工の受注であったものが，現在では，部品加工だけでなく，設計，試作から一貫して引き受けるようになり，新機種の開発時から量産時に至るまで，そのイノベーションプロセスに深く関わるようになってきている。

（2）　OT社（東京都大田区）

　大手の精密機械，計測機器メーカーが工場設備として使用する治工具類の製作を主力とし，F1のエンジン関係部品，ヘリコプター部品，燃料電池部品，医療器械部品など多様な部品を

手がけている。同社が手がける部品のほとんどは,「納期がない」「精度に厳しい」「数が出ない」「材料が特殊」といくつもの制約がある試作品である。同社は,こうした「他企業がいやがる」部品の製作を進んで受ける。顧客から相談を受けたら断らない主義であるという。

　同社が標榜するのは,「次世代のものづくりをサポートする精密加工」である。「難しい試作品の仕事を受けて,きちんとこなしていくと,今度は今までにないような材料を使った仕事の依頼がくるという。メーカーの担当者が「他ではできないと言われたが,どうだろうか」と持ち込んでくる。同社を支えているのは自由な社風と,個人個人が部品に対し一貫した責任を持つ体制である。技術者は,それぞれ自分が担当している試作品をつくる。つまり,一人の担当者が作業の一部や一工程を行うのではなく,図面から製品までを一貫して担当することになる。その分,与えられた責任は重いが,「ものづくりの醍醐味を味わう」こともできるという。

　設備としては,高精度加工を早く仕上げられる5軸マシニングセンタ,NC旋盤等,複合加工技術を駆使している。また,CAD設計専門担当者を擁し,困難な仕事を短納期でこなし,顧客の開発リードタイムの短縮に寄与している。まさに,大企業,ベンチャー企業を顧客とする「テクノセンター」として,独自の生産技術によって,顧客のイノベーション上の課題を知的熟練の面から解決していく企業といえる。

（3）　N金属（東京都足立区）

　N金属は,非鉄金属を細かく切り分けるスリット加工で世界トップレベルの技術を有している企業である。1974年の創立以来,全社をあげて徹底的に"細・薄"スリット加工技術の研鑽に取り組んでおり,現在では,最小0.1mm幅まで切り分けることが可能である。

　近年,当社の薄物・超薄物に関する加工技術は多数の特許を取得し,国内はもとより広く海外からも非常に高い評価を得ている。また,他の追従を許さない独自開発のスリット機器を開発し,超精密スリット加工において安定的に大量加工を実現している。

　特に注目されているのが,アモルファス合金のスリット加工技術である。1987年,加工が困難とされていたアモルファス合金のスリット加工に成功した。これは,大企業が高い研究開発費を注ぎ込んでもなし得なかった技術である。そして,その技術は,国内はもとより広く海外から高く評価されている。現在では,エアバッグをはじめとする自動車部品,携帯電話などのリチウムイオン・ポリマー・ソーラー電池,エアコンなどの家電製品用トランスなど,同社のスリット加工品が,さまざまな企業のイノベーションを支えている。特にエアバッグ向け部品では,世界シェア約40％を占めているという。

　同社には,コンピュータ制御の加工機が1台もない。同社の精密スリット加工技術を支えるのは,人材の知的熟練とその継続的な向上である。しかし,知的熟練とはいっても,ベテランだけのものではない。同社の本社工場の工場長は30歳代,分割精密スリット加工の技能チャンピオンは20歳代である。同社の技術進歩を支えているのが,困難な仕事を積極的に受注し,

試行錯誤を繰り返すことであるという。同社の若い熟練技能者は，「金属を切るという，一見単純な作業のように見えるが，実に奥の深い世界である」という。経営者が，若手を「目利き」し，仕事を任せ，やる気にさせ，自律的に「考え」させているのである。

（4） SP社（東京都北区）

精密プレス技術を中心として，OA機器・光学機器等を手がけている。同社が標榜するのは，「技術と生活をコーディネートするテクニカルバンク」であり，「美しいものづくりを提案」していくとしている。同社の経営上の特徴は，プレスに関連する複合的な技術の応用により，顧客の新製品の設計段階から関わり，多彩なプレス技術提案力によって問題解決することができる点である。典型的なものは，デジタル家電製品の外装部品であり，これに関しては，外装プレスとフィルムプレスを融合し，大手企業に対して設計提案を行っている。

外装プレスは，金属のプレス加工であるのに対し，フィルムプレスとは，PET（ポリエチレンテレフタレート），PC（ポリカーボネート），薄膜金属材料などをプレスする技術である。たとえば携帯電話では，表示部分はフィルムであり，金属の外装プレス加工と組み合わせることで，部品の一体感の向上と加工のスピード化を達成できる。人材面では，自社にデザイン部門を持ち，技術者について営業部門やデザイン部門との人事交流を行い，営業，デザイン，生産などを社員に順次経験させることで，幅広いプロセスを身につけさせることが可能となっている。こうして育成された人材が，多能工を超えた「市場指向型多能工」となり，デザインに関する顧客提案能力を持ちながら，顧客の新製品開発をサポートしているのである。

3.2　イノベーション支援型企業の人材育成

以上の事例にみられるように，イノベーション支援型企業としてのイノベーションサイクルの構築には，独自の経営戦略及び組織・人材づくりが重要である。前述の事例から導かれるイノベーション支援型企業の人材育成のポイントとしては，次の3つを挙げることができる。

第一に，コミュニケーション能力である。特に，顧客との濃密なコミュニケーション能力が求められる。イノベーション型取引において，自社のノウハウを開示しつつ，顧客のノウハウの開示を受けながら，濃密なコミュニケーションによってイノベーションを創出していくプロセスが重要となるからである。

第二に，困難な仕事への積極的な取組み姿勢である。「困難だが，努力すれば対応可能な」取引を積極的に取り込む姿勢をもつことが必要と考えられる。前述のOT社では，一見，困難に見える受注でも断らずに自社に取り込む。受注した部品の設計図を並べておき，技術者が「早い者勝ち」でやりたい仕事を取れるようにしてあるが，技術者は難しい仕事から好んで取っていく。困難な仕事こそ，面白く，自分の技術を高められるチャンスであると認識されている。また，顧客側も困難な仕事を実現させたいため，積極的にノウハウを開示して支援する場

合が多いという。同社では，困難な仕事を達成した技術者が尊重される風土がある。

　第三には，マーケット（顧客）を指向する技術者，プロセスとプロダクトの複合知識の獲得および活用である。「技術」と「市場」，「製品」と「プロセス」といった複合的な知識を有する人材を育成することが必要であると考えられる。「ものづくりを俯瞰できる」人材を擁した企業が，製品開発型企業のイノベーションを支援するパートナーとなり得るのである。

　以上の事例によれば，イノベーション支援型企業には，顧客との濃密なコミュニケーション能力，困難な仕事を積極的に取り込む姿勢，「技術」と「市場」，「製品」と「プロセス」等の複合知識を有する人材，などが重要であるとの仮説が得られた。しかし，ここらは，あくまで数事例を分析した仮説に過ぎない。今後，さらに実証的な研究を深め，イノベーション支援型企業の経営や人材育成のあり方についての研究を深め，その理論構築を図っていくことが本研究の課題である。

〈注〉
(1) 今日的なイノベーションの意義を考察すると，以下の3つの側面に集約されると考える。
　　第一には，産業競争力の側面である。世界的な企業間競争の激化，技術革新スピードの加速化などを背景として，新たな競争優位の源泉となるイノベーションは，ますます重要となってきている。
　　第二には，生産性の側面である。言い換えれば，限られた資源のなかでの，需要の量的増大・質的向上への対応である。特に，わが国において，少子高齢化による人材資源の制約は，企業にとって，ますます深刻なものとなることが容易に予測される。このような問題を解決する鍵は，イノベーションによる1人当たりの生産性の向上である。
　　第三には，社会的課題への対応といった側面である。地球温暖化対策などの環境対策，治安・防災対策，健康維持・QOL（生活の質）の向上といった社会的課題に対する人々の意識は，ますます高まってきている。こうした意識の高まりは，社会全体として，こうした社会的課題解決の必要性を高めると同時に社会的課題に資するビジネスの市場拡大，参入機会の拡大を生み出す。こうした社会的課題に基づくニーズは，単にニーズの量的拡大という面を超えて，社会のサブシステムとしての行政から企業への役割の一部シフトを促進させている。社会的課題分野においては，行政では解決できなかったものを，企業のイノベーションにより解決に導くような取組みが求められているのである。
(2) Schumpeter（1912）は，「旧いものは概して自分自身のなかから新しい大躍進をおこなう力を持たず」，また「第一種の非連続性（軌道の変更）のほかに，第二種の非連続性（発展担当の変更）をつくり出す」と述べている。Joseph Alois Schumpeter, 塩野谷祐一・中山伊知郎・東畑精一訳（1977）pp. 182-184。
(3) Leonard（1995）によれば，「イノベーション創出においてケイパビリティ・ギャップを認識したら，技術知識の潜在的な資源のどれを見きわめるかという問題に直面する」としている。Dorothy Leonard-Barton, 阿部孝太郎・田畑暁生訳（2001）pp. 218-219。
(4) 例えば，Clark and Fujimoto（1991）によれば，「日本の自動車メーカーは開発段階からサプライヤーが参加することで，スピーディで効率的な開発が可能」となり，「日本の自動車メーカーの競争力に貢献」していると説明している。Clark & Fujimoto, 田村訳（1993）pp. 364-387。
(5) こうした実証的研究として代表的なものとして，中馬（2004）がある。中馬は，半導体回路をシリコンウェーハに転写するための半導体露光装置の開発を取り上げている。「レンズのガラス素材に関わる

技術，レンズの研磨・加工および測定に関する技術，光源に関する技術，シリコンウェーハを乗せるステージの高精度設計・加工技術，ソフトウェアに関する技術など，多様な技術が組み込まれているが，従来は単独開発傾向が強いニコン，キヤノンといった日本メーカーが圧倒的な競争力を有していたが，ネットワーク化によって外部企業と開発をシェアしたオランダのASMLが競争力を強化し，台頭してきた。」としている。中馬（2004），pp. 64-85 参照。
(6) 小池（2005）は，技能における規格化，コンピュータ化の限界についても触れている。小池和男『仕事の経済学　第3版』東洋経済新報社，2005年，pp. 12-26。
(7) 外部知識を導入するメカニズムについては，Leonard（1995）前掲書に詳しい。阿部・田畑訳（2001），pp. 220-223 参照。

〈参考文献〉
イノベーション25戦略会議（2007）「長期戦略指針『イノベーション25』～未来をつくる，無限の可能性への挑戦～」。
今井賢一・伊丹敬之・小池和男（1982）『内部組織の経済学』東洋経済新報社
奥山雅之（2003）「新しい経営資源マネジメント―新たな経営資源マネジメントの領域」『企業診断 vol. 50』同友館。
一橋大学イノベーション研究センター編（2001）『イノベーション・マネジメント入門』日本経済新聞社。
小池和男（2005）『仕事の経済学　第3版』東洋経済新報社。
東京都産業労働局（2007）『東京都中小企業の現状』。
東京都産業労働局（2005）『都内中小企業の企画・開発活動に関する調査報告書』。
中馬宏之（2004）「日本のサイエンス型産業が直面する複雑性と組織限界：半導体露光装置産業の事例から」『一橋ビジネスレビュー』52巻3号。
Christensen, Clayton (1997) *The Innovator's Dilemma*, Harvard business school press.（玉田俊平太・伊豆原弓訳（2001）『イノベーションのジレンマ―技術革新が巨大企業を滅ぼすとき』翔泳社）
Clark, Kim B. & Takahiro Fujimoto (1991) *Product Development Performance*, Harvard Business School Press, Boston, Mass.（田村明比古訳（1993）『実証研究　製品開発力』ダイヤモンド社）
Council on Competitiveness (2004) *Innovate America*.
Domestic Policy Council Office of Science and Technology Policy (2006) *American Competitiveness Initiative*.
Leonard-Barton, Dorothy (1995) *Wellsprings Of Knowledge*, Harvard Business School Press.（阿部孝太郎・田畑暁生訳（2001）『知識の源泉―イノベーションの構築と持続―』ダイヤモンド社）
Schumpeter, Joseph Alois (1912) *Theorie der wirtschaftlichen Entwicklung*, Duncker & Humblot Ledereinband.（塩野谷祐一・中山伊知郎・東畑精一訳（1977）『経済発展の理論：企業者利潤・資本・信用・利子および景気の回転に関する一研究』岩波文庫）

Innovation in SME of manufacturing
: Enterprise that supports making innovation

Tokyo Metropolitan Government Bureau of Industrial and Labor Affairs

OKUYAMA Masayuki

ABSTRACT

In the change related to big enterprise and small, medium-sized enterprise, the importance of the small and medium-sized enterprise of the trust processing type that supplements intellectual skill necessary for the innovation of the product development type enterprise is rising. In this research, I named the enterprise of the trust processing type that supports the innovation of such a product development type enterprise "innovation support type enterprise".

"Innovation support type enterprise" is characterized in "Innovation type dealings" —using information, knowledge, and the technology from the customer, and innovating with the customer. It constructss, an original innovation cycle by "innovation type dealings" that starts creating the unknown one for the customer and itself. Moreover, in the innovation support type enterprise, important things are intense communication with customers, posture in which daunting task is positively taken, talent who has the compound knowledge of "the technology and the market", or "the product and the process".

経営教育学序説®
— 中心的「命題及び仮説」の意義 —

中部大学　辻村　宏和

―― 🔑 キーワード ――
中心的命題　　中心的仮説　　山城テーゼ　　経営教育の対象　　経営教育学の対象

| 序 | 主題，中心的「命題と仮説」，及びリサーチ・クエッション |

　バーナード（C. I. Barnard）理論における「中心的仮説」（Barnard, 1938：73＝1968：76）の機能からも解るように，「研究のファンダメンタルズ：①主題 ②中心的命題＆仮説」こそが独自な知的領域の源となる。本研究は，指導体系の確立こそが学派（スクール）を創始・発展させると考えるところから，「経営者の育成を〔学の目的〕としながらも，未だ認知度の低い経営教育学を創造すべく，有効なその学的体系条件を考究する」という「経営学研究」を〔研究主題〕としている。したがって当事者視点ではない，観察者視点の「経営（の〇〇についての）研究」とは一線を画する。そして，いかなる研究においてもコアとすべき，同研究主題を達成するための中心的命題は，現研究段階では下記の通り定立される。

〔中心的命題〕
　経営学が「経営者の育成」を目指すのであれば，「経営教育学」はむろん「経営教育」それ自体ではなく，また位相が根本的に異なり相似形は全く見て取れない「経営学教育」であってはならず，「経営手腕という個別総合的な経営者アートを，学習者に教育するための方法についての指導者向けの学」（経営教育学の理念型）であらねばならない。そして，その学的体系は，日常語であるにもかかわらず明晰でない「歴史的にも未定義概念である『経営手腕』をいかに取り扱うか」ということに決定的に依存する。

　かような中心的命題を有するに至ったのは，これまでの諸研究（辻村, 2001, 2002, 2003 ab, 2005, 2006 abc, 2007 ab）において言及，論及してきた経験的観察や思索の結実成果と

しての，下記の中心的仮説に立脚する。

〔中心的仮説〕
　「経営手腕」と「経営理論の適用行為」とは似て非なるもので，前者は，「非再現的な（1回限りの）オールファクターズ・マッチング」の性格を有する実践概念で，苦悩を伴う「個別総合的行為」として理解されねばならない。それは，経営者の，文学的感性ともいうべききめ細かな観察と真善美を考え抜く哲学的思考によって模索される「独自の経営理論＝持論」を築く営みに他ならない。

　かくして，経営学研究の一環として位置づけられる本小論は以下，中心的な命題と仮説が推論されるモメントとなった「経営教育学は既存の経営学とどのように差別化し得るか」という問いをリサーチ・クエッションとし，いくつかの仮説創造を行ない，畢竟，中心的命題及び中心的仮説の彫琢につなげたい。

1　経営教育学の「中心的命題」の意義

　中心的命題は本研究のアドバンテージでもあり，また下記に示すように，いくつかの議論の原則を導く。

1.1　「中心的命題」概念
（1）明確な「学の目的」
　先ず，中心的命題における「経営者の育成」は経営教育学の職業的対応性を示唆する。その点，最新の教科書，たとえば「加護野忠男・吉村典久編著（2006）『1からの経営学』碩学舎」が「マネジメントとは，『「人々を通じて」，「仕事をうまく」成し遂げること』である。そのための方法を研究するのが，狭い意味での経営学である。」（同書：27），「広い意味での経営学は，学際的な研究分野である。経済学のみならず，さまざまな基礎学問と関係を持っている。経営学は，これらの学問を，経営という現象に応用しようとした応用科学である。」（同書：30）としか規定しない，"For what ?" が不明な「経営学」とは学的体系の質を大きく異にするであろう。それらは要するに，マネジメントの実践主体すなわち経営者の育成を意識しない経営学といえ，「学の目的」のみならず「学の対象」も自ずと異なることは明白である（本項（3））。

　経営者の育成を意識するということは，日産CEOカルロス・ゴーン（C. Ghosn）が「計画を策定することは，挑戦のせいぜい5％にすぎません。われわれの挑戦の95％は，その『計画』が『実行』できるかにかかっているのです。」（傍線は筆者）(Ghosn, 2006：25) という経営

実践の困難性を意識することで，バーナードの「支配的要因は，欠如している要素ではなく，欠如している要素を獲得しうる行為である。」(傍線は筆者) (Barnard, 1938：205＝1968：215) という指摘を意識することでもある。経営教育学が中心的命題に忠実であろうとすれば，名経営者の誉れ高いユニ・チャーム会長・高原慶一朗の「私は間違いなく凡人です。」(高原，2006：1) という指摘を高原の謙遜と受け取るのではなく，「経営者の（である）条件」の探求よりも「（凡人が）経営者になるための条件」の探求を優先せねばならない。

（2） 内容：経営手腕とのシンクロナイズ

経営教育学の「経営」が「経営理論」ではなく「経営手腕」のそれだと概念規定するのは，経営者の実践能力を想定するからである。経営教育学の学的体系の構築が「経営手腕への迫り方を探ること」と不可分で，シンクロナイズした関係にあると考えるからである。経営手腕については紙幅の関係上，次節（「2.2 中心的仮説を演繹する有意な言説」）で再説し，別の機会（辻村，2001）でも「経営技能」として詳述しているためここでは割愛する。

（3）「経営教育」の対象と「経営教育学」の対象

また，「学習者に教育する」と概念規定するのは「大学教育（教室授業）」を前提としているからで，したがって，「（セミナー，塾，○○講座などへの）企業外・派遣教育」「企業内教育」「企業内・非制度的経営教育」などを考察の対象外とするものである。

それにも増して非常に重要なのは，「経営教育」の対象とはうってかわって，「経営教育学」の対象が「指導者向けの学」だという点である。経営教育のみならず，経営教育学という理論のステイクホルダーも定まっているということである。いわば，「トレーナー学」であることだ。「チャンピオンになるためのボクサーのための理論」ではなく「チャンピオンにするためのトレーナーのための理論」なのである。「経営教育」といった場合には大学教育カリキュラムにおける「学生向けの科目」であるのに対して，「経営教育学」はそうではない。中心的命題を回りくどい表現に変換すれば，「経営教育学＝実務経験のない学生対象の授業科目『経営教育』における教授法について経営学者が研究し，その研究成果を経営学者と議論する（対学界向けの）学」ということになる。経営教育（実践）の"ボール，ストライクのジャッジ"は学習者であるのに対して経営教育学のそれは学界，ということだ。

ここで論及しておくべきは，増田茂樹の「経営学研究＝研究主体たる経営学者（自身）の経営手腕習得」説（筆者命名）である。中心的命題から明らかに演繹されることだが，経営教育学はあくまで学生対象の科目「経営教育」において学生に経営手腕を身につけさせる（教育実践成果）ための方法論であって，それは「経営学者（自身）の経営手腕習得」を第一の研究成果としていない。経営学者が「経営教育学」研究したり「経営教育」授業したりするにあたっ

て，経営学者（自身）が経営手腕を習得しているに越したことはないが，ここでは

〔仮説〕　経営学者の経営教育学研究≠経営学者の「経営手腕」習得
　　　　　　　　　　　　　　　　　　＝経営学者の「経営教育手腕」の向上

を定立する。もし仮に経営学者が経営手腕を習得するのであれば，「経営学者が開発した『経営教育学』に基づいた『経営教育』授業に，経営学者も自ら受講しなければならない」という理屈となる。その意味で，増田説は"山城テーゼの進化"というより，同テーゼの落とし穴にはまってしまったといわざるを得ない。その原因はひとえに，山城経営学には「経営教育」概念はあっても「経営教育学」概念が見当たらない，ことにある。(3) そのため増田は，「ここで教育というのは，『われ』が『われ』を教育する，すなわち自己啓発，self-development という意味である。自らのⓀ（知識）やⒶ（能力）を自ら育成するという意味で，主体の論理に基づく『学』とか『学問』とか『論』の意味である。」（丸括弧内及び傍線は筆者）（増田，2007：270）というような教育概念に着地してしまい，身動きが取れない。

(4)「経営手腕」とその定義

　ある意味で最重要な議論の原則は，当面経営教育学では「それは経営手腕か否か」の概念論争に応じても，「経営手腕とは何か」の定義論争には応じないことである。それは学会特有の「定義づけすると即，例外を指摘される」事態を回避したいからで，経営手腕は自ずと広義概念化する。多面体の経営手腕には，表象から共通項を抽出して内包・外延を決定して（たとえば，「個別概念（ウチの犬）→種概念（柴犬）→類概念（犬）」化，といった具合に）定義づけしようにも，「こういった面もあれば，ああいった面もあり」，あまりにも個別総合的なのである。経営手腕を「歴史的未定義概念」だとするゆえんは，実践では「十分な知識を持たないで行為しなければならないことが少なくないという実際的事実」が存在するし「多くの知識は，たとえ入手可能であっても，少なくとも使用に間に合うように入手することができない」（傍線は筆者）（Barnard, 1948＝1990：206）というような，「経営手腕」概念に対する「経営する」行為の先行性を強調するためであり，また「隣接科学・経済学」とのパースペクティヴの相違を強調したいからに他ならない。

　かくして「概念論争には応じる」ということは，バーナードの「目に見えないもの」（Barnard, 1938：284＝1968：297）に代表されるように，しばらくは形而上学的レベルにとどまることも厭わず，メタファーや「残余概念（ex."N-MP"概念）」（辻村，2001：第3章）の活用も辞さない，ということである。何となれば，「外に表現の方法がないからである。つまり，メタファーでなければ言えない世界があるということである。（中略）我々は，メタファーという

ものを，既存の表現形式のひゆ的拡張法という形で捕らえようとしやすいが，実際は，むしろ逆に，新しい意味の世界の創造として捕らえるべきであると思われる。」(傍線は筆者)(安井稔，1978，『言外の意味』研究社より―野内，1998：37―)からである。

1.2　「中心的命題」の関連概念

　議論の拡散防止のために，「中心的命題」の関連概念すなわち考察対象である経営手腕以外の概念の明確化を事前に施しておく必要がある。いかなる経営学研究においても，それを施しておかねばならない異（同）名同（異）体用語は，「経営」「管理」「組織」，それらとの複合語「経営組織」「管理組織」「経営理論」などである。たとえ恣意的であっても，将来の修正許容度を高くして「非考察対象」概念の有効な明確化を施すことは不可欠である。以下，紙幅の制約もあり，「管理→経営」の順序で二つの概念の明確化を施す。それは，「経営統合」などといった複合語の多さからもわかる通り，管理概念を上回る多義性を経営概念が有しているため，管理概念を先ず固定した方が便宜だと判断するからである。

（1）「管理（management）」概念

　本研究では，ごく一般的な経営学史（あるいは経営史）上の文脈に依拠して，本研究における活用前提として管理概念を設定しておきたい。

　そのためここでは，「経営学が大企業の管理問題として展開してきた」という周知の経営史的経緯を重んじ，管理概念を組織規模と関わらしめる。米国が1960年代TOBによってコングロマリットが大流行し，1970年代には多角化フィーバーが到来したことはよく知られ，会計手法に熟達した経営者ならば組織規模が拡大しようと，また多角化した各事業についての知識を持っていなくとも会社経営が可能であるとされた時代である。そもそも管理とは遠隔操作概念といってよく，「直接個別管理（五感―耳・眼・ロ―というメディアによって1人1人に対峙する）」から「間接総合管理」（この語は小野豊明の造語「間接（的）統制」―小野，1979：41―をヒントにした）に移行するために必要とされた技法と概念設定するのである。

　かような概念的リファインはわが国のマネジメント技法の導入経緯とも符合し，議論の混乱を抑止する。等閑視されがちな「1946年の公職追放によって誕生した『専門経営者』が急遽誕生するという状況下でマネジメント（管理）が導入され，その結果，30年代の終り頃には，わが国企業は計画と統制を伴った近代的なマネジメント・サイクルによる経営に発展し…」といった歴史的概観を共有しておくことは少なからぬ意義がある。整理すれば，

　　管理＝「組織規模」に関わる概念
　　　　＝「間接的総合コントロール」概念

＝「遠隔操作（リモート・コントロール）」概念
　　　＝「組織&計数メディアを用いて計画&統制すること」（と狭義に定義）

となる。組織メディアとしては集権・分権などの組織化技法を，計数メディアとしては予算管理（管理会計）などの技法をイメージすればよい。

（2）「経営」概念

　経営概念の多義性が経営学を誤解の多い学問にさせている元凶だ，といっても過言でない[5]。「経営○○」「○○経営」などといった複合語が乱造されているのがその証左で，「経営破綻」あるいは「経営収支」と「経営者」など三語に含まれた経営概念の異同には常に悩まされている。

　本研究では先の管理概念との関連性を失わず，かつバーナードの「経営職能≠管理」（Barnard, 1938：216＝1968：226 要約）や「訓練・説得・刺激によって個人を規制するなど，個人行動の諸条件を変更する努力＝経営過程の大部分を構成する」（傍線及び「管理→経営」の訳変換は筆者）（Barnard, 1938：15＝1968：15 要約）などの指摘を尊重し，「経営≠単なる管理原理・原則の適用行動」と考えたい。その上で経営の定義を創造するならば，経営を「管理がうまくいかない」ことをノーマル視した概念とすることが有効で，

　　経営＝「管理を有効にすること」（管理概念を経営概念に包含）
　　　　＝「『組織&計数メディアを用いて計画&統制すること』（以上，管理概念）を有効にすること」

と概念的リファインしたい。これによる議論上の効用は少なくない。

　第一に「経営≠管理，＝管理能力」という語法が可能となる。それは，「管理能力」という語が言外に管理それ自体よりも「管理（手法導入のための）能力＝管理理論の適用上生ずる問題の発見・解決行動」を含意しているからである。急成長会社の倒産原因分析でしばしば「管理システムの不備」といった指摘がなされるが，そういった指摘で問題なのは倒産原因がただ単に「管理体制の有無」それ自体に止まっていることで，管理能力の問題にまで論及していないことには注意を促したい。「管理体制の有無」よりも「管理能力（＝経営）の有無」，つまり「管理体制を導入しようにも導入できない状況（≒人間関係）」を問題視することの方が経営手腕との意味関連が高い。また，大規模組織では管理能力を発揮しにくいため管理テクニックに偏重しがちであるが，逆にそのような場合に社長が管理能力を発揮してこそ「経営手腕」と言える。日産CEOカルロス・ゴーンを想起すればよい。ここにも語法上の効用として，「優れ

た管理能力≠経営，＝経営能力すなわち経営手腕」図式を導き出せる。さすれば，

〔仮説〕　企業間格差＝f（経営手腕＝組織の協働化）
　　　　　　　　　＝f（「気配り従業員」化）
　　　　　　　　　＝f（「顧客満足 CS，ひいては従業員満足 ES」）

といった有効な仮説をも導出できる。

2　中心的命題を支える「中心的仮説」

2.1　中心的仮説を誘導した有意な諸事象

（1）　経営学の不明確な職業的対応性

「医師になるには医学部」「弁護士になるには法学部」式に，「経営者になるには経営学部」というキャリアコースは確立していない。かような職業的対応の不明確さは，経営学の学としての無目的性に由来する。経済学，社会学，法律学も「経営」を研究するため，社会学の「社会」と同様に，経営学は経験対象だけでは差別化できない。「経営学と経営者」との関係は「政治学と政治家」のそれと類似し，「医学と医者」「教育学と教育者」のそれとは異なる。ゆえに「経営学部出身者が名経営者になったとか，日本経済を牽引した」などという事実は検出されない。

「経営者になるには経営学部」というキャリアコースが確立していれば，経営学は早期にジェンダー・フリー化し「女性経営者」は増えていたはずである。現実は，「経営学をする者（↑）（以下，増減を示す）→経営する者（↑）」ではなく「経営学をする者（↑）→経営する者（↓）→（ひいては）経営学をする者（↓）」パターンではないか。

（2）　経営学書への依存度

経営者の間ではドラッカー（P. F. Drucker）の一連の著作を座右の書にする者は少なくないが，経営学の専門書が読まれることは少なく，むしろ歴史小説，それも"司馬遼太郎人気"が根強い。このことは，「経営学部を擁する大学ならば大学経営も良好である」だとか，「コンサルタント会社はすべて好業績である」という因果的事実が検出されないこととも無関係ではあるまい。

伊丹敬之と加護野忠男は，かつて紙上で「現実の世界は理論どおりにはいかないから理論を学んでも意味はないという人々がいる。そうなるのは理論が間違っているからだ。正しい理論ほど役に立つものはない。経営大学院を志す人々が求めているのは，実践の厳しさに耐えうる

強じんな基礎知識, 正しい理論だとわれわれは思う。」(傍線及び傍点は筆者)(伊丹・加護野「経済教室：経営教育研究・養成一体で」『日本経済新聞』2002年5月16日付朝刊）と喝破した。われわれ経営学者がかような言説をリリースすることに危惧を抱くのは, その「経営大学院を志す人々」からわれわれに, 恐怖の「正しい理論がそれほどまでに役に立つのであれば, それを用いた成功確率は高いはずで, しからば自ら経営者となって手本を示してくれないか？」という質問を浴びせられることである。

（3） 経営学と倒産防止

信用調査会社・東京商工リサーチによれば,「負債1千万円以上の年間倒産件数」は毎年1万数千件で（1日平均40～50件), これに"廃業"件数を加えるとおよそ4倍にも達するとのことであるが, そこからは,「経営学を知らなかったから倒産した」という因果関係は推論しがたく, また「経営学を知っていれば倒産しなかった」という因果関係もはなはだ予想し難い。さらに警視庁発表の統計では,「2001年の自殺者＝31,042人（「病死」「事故死」のなかには事実上の自殺もあるが, それは非含)≒交通事故死者の3倍以上（3万人超は4年連続）」とのことで, その何倍もの家族が苦痛を背負う。さて, この自殺者の約3割（1万人弱）が「事業の失敗」「債務過多」などが原因とされ, 大雑把に言うと,「交通事故死者数＝事業の失敗を原因とする自殺者数（≒1万人）」ということになる。経営難に追い込まれると「ふーっと飛び込んでしまう」という精神状態を, 未遂者が述懐しているという（以上, 事業再生研究会, 2003：17-19より要約)。経営学界では比較的看過されている倒産事象であるが, 経営学のあり方に再考を迫っている。

（4） 社外取締役と経営学者

企業の社外取締役に著名な経済学者が指名・任用されるケース（例えば, ソニーの社外取締役・中谷巌）は耳にするが, 著名な経営学者が指名・任用されたケースは, 一例（1975年, 当時上智大学教授で組織学会会長の高宮晋が西武百貨店の社外取締役に迎えられた）を除くと, 寡聞にして知らない。経営学（者）のステイタスを伝える事象でもある。

（5） 楽天「（社内）経営大学院」スタッフ

2007年4月開講の同社「社内経営大学院」では, グループ各社から約30人を選抜して幹部候補生の育成をはかるため, 1年かけてマーケティング・経営管理など10科目を教育する。講師は外部教育機関や楽天内部のMBAホルダーの幹部を当てるということであるが, 大学所属の経営学者は見当たらない（『日本経済新聞』2007年3月13日付朝刊要約）。

（6） 2003年4月スタートの「専門職大学院」制度

1991年11月大学審議会答申「大学院の量的整備について」以来，専門職大学院にて想定されてきた専門分野にはビジネス分野はあっても「経営学」分野はない。文部科学省中央教育審議会資料によれば2007年現在設置数は，ビジネス・MOT：29，会計：16，公共政策：8，公衆衛生：3，知的財産：2，臨床心理：4，法科大学院：74，その他（助産，デジタルコンテンツ，原子力等）：13，である。

2001年4月に国際マネジメント志向の高度専門職業人養成を目指す，わが国私学で最初の専門大学院MBAプログラムを開設した青山学院大学大学院・国際マネジメント研究科長・伊藤文雄ですら「問題は，マネジャーを育成する教育をどう行なうかであり，業務機能の分析能力の強化を求める教育方法については，マネジメントの本質である「統合」をどう教えるかである。（中略，改行）今日の典型的なビジネススクールにおいては，マネジメントの教育よりもアカウンティング，ファイナンス，経営戦略，人事組織およびマーケティングなどの業務機能の分析に関心が寄せられている。」（傍線は筆者）（伊藤，2007：77）といい，「ビジネススクールにおけるマネジメント教育の重要性とその難しさを痛感している日々であるが，（中略）それをどのように実現していくかが，わが国のビジネス／マネジメント系の専門職大学院に課せられた課題ではなかろうか。」（傍線は筆者）（伊藤，2007：81）といっていることから，"見切り発車"感が垣間見える。バーナードの「われわれは意識的にますます多くの専門家を作り出しているが，特別な努力を払って全般管理者を十分に育成していないし，またいかに育成すべきかをほとんど知らない」（Barnard, 1938：222＝1968：232）とした指摘は，幸か不幸か，70年経過したいまも箴言の価値を失っていないのである。

2.2　中心的仮説を演繹する有意な言説

（1）　再考を要するバーナードの指摘

バーナードの「訓練・説得・刺激によって個人を規制するなど，個人行動の諸条件を変更する努力＝経営過程の大部分を構成」（「管理→経営」の訳変換は筆者）（Barnard, 1938：15＝1968：15要約）とする経営手腕観は，ファンド資本主義と言われる現代でも通じる。それは，「あらゆる利害関係者を説得できねばM&Aは成功しない。それが経営トップの真価である。…HOYAとペンタックスの経営統合交渉は，基本合意→（内紛）→ペンタックスの社長解職&合併断念，というプロセスを辿った。…綿貫宜司・新社長は『役員の多くは基本合意の発表当日まで案件を知らなかった』と告白した…」（『日本経済新聞』2007年4月16日付朝刊「経営の視点」より抜粋要約）といった新聞記事からも読み取れる。中心的命題の関連概念「管理＜管理能力＝経営＜経営手腕」（本稿1.2）と通じる。

（2） 要注意な経営者バッシング

　通俗的なマスコミ論調「こんな社長が会社を潰す」における「こんな社長」の特徴の一例を挙げれば，例えば「①自分勝手で，役員や社員の言うことに耳を傾けない ②自分こそすべてであると思っている ③世間体ばかり気にしている ④人に相談ができない」（事業再生研究会，2003：20）ということだが，重要なことは，

〔仮説〕　「こんな社長」と「非・こんな社長」との相違は上記①〜④の有無ではなく程度の違いで，しかも紙一重ではないのか。かくして"noblesse oblige"は最重要にして最もあてにならず，その意味で「経営者を思いやる気持ち」こそが実践度の高い経営学理論につながる。

である。話題の伊丹敬之著『よき経営者の姿』（日本経済新聞出版社，2007年）も，「よき経営者」の条件（≠「よき経営者」になれる条件）をリストアップした「行動特性論＝行動分析によって共通項を検出し，人材育成につなげるアプローチ」で，「人生は，全てを身につけられるほど長くはない」という点で，「一覧方式の経営者論」の読み方には注意が必要である。[7]

（3）「理論による問題解決」の幻想性

　果たして経営者は，「経営理論・手法を適用する」者というよりも「経営理論・手法を編み出す」者ではないのか。ちなみに『新版　中小法人のための経営相談100問100答』（荻原勝著，財団法人大蔵財務協会，2005年）では，100問すべて，少なくとも経営学だけでは応じ切れない。前出，ユニ・チャーム高橋の手になる著書『理屈はいつも死んでいる』（サンマーク出版，2006年）は標題からして，その意を強くする。理論を用いて「問題点の指摘」はできても「問題解決」には結びつかない，ことを経営学者はしかと自覚すべきである。

　経営コンサルタントでさえ，「…最終的に数値が並んだ事業計画を『絵に描いた餅』にしないためには，計画策定過程で組織のモラール（集団の士気）や，経営者や従業員のモチベーション（仕事への動機づけ）が向上すること，これがすべてなのである。（改行，中略）企業再生の現場では，小手先ではない，俯瞰的視野や人情味などをあわせもつ，本物のコンサルティング能力が必要とされている。」（傍線は筆者）（長戸，2006：39）というほどである。中心的命題の関連概念「管理＜管理能力＝経営＜経営手腕」（本稿1.2）が有効となるゆえんである。したがって佐々木利廣編著『チャレンジ精神の源流—プロジェクトXの経営学—』（ミネルヴァ書房，2007年）のような研究は，誤解されやすいのであるが，「本書では，プロジェクトXを良質のケースと考え，それを経営学の多様な視点から眺め解釈することの面白さを提起しようとした。」（傍線は筆者）（同書はしがき：ⅰ）とする点で，経営教育学ないしは経営者育成との意

味関連が低い。

(4) 経営教育学における実践性の二次元性

逸早く実践学としての地歩を固めてきた医学（者）あるいは教育学（者）と経営学（者）のコントラストは、示唆的である。通常「医学者＝実践家、経営学者≠実践家」であるため、実践についての哲学的反省は、経営学者（≠経営者）には医学者（＝医者）ほどには求められない。同様なことは、サイエンティスト＆プラクティショナーという二面性を持つ教育学者にもあてはまる。「教育の技術には『理論的理性』だけでは不十分であり、複雑な現実をそのあらゆる諸関係のなかで冷静に判断する『実践的理性』が要求される。『理論は一面的であることができる。しかし、実践はできるかぎり全面的でなければならない。』（改行）ここから教師に対する高い要求も出てくる。」（傍線は筆者）（柴田、2000：15）といわれるように、われわれは下記の仮説を看過してはならない。

〔仮説〕　経営教育学＝「『経営実践の教育』実践についての学」

結　学派の確立をめざして

本小論は経営教育学の中心的「命題及び仮説」の提示に始まり、リサーチ・クエッション「経営教育学は既存の経営学とどのように差別化し得るか」を設定し、いくつかの下位仮説を創造しながら考察を加えてきた。

その結果、経営教育学の「目的（For what?），対象（For whom?），内容（What?）」が明確になったことによって、既存経営学との異同もクリアとなった。今後も中心的命題＆仮説を一層彫琢し続け、"創作料理"ならぬ創作経営学として、経営教育学を経営学の一分野（ジャンル）ではなく一学派（スクール）として確立することをめざしたい。

〈注〉
(1) 加護野らは同書で、「現在の松下電器グループの創業者で『経営の神様』と称された松下幸之助氏も『企業は社会の公器』であるとし、企業経営を進めていくことで社会の発展に貢献することの大切さを説いている。（改行）しかし悲しいかな、このようにはなかなか見てもらえない。」（同書：26）と言い、「経営の神様・松下幸之助」を持ち上げているが、その松下幸之助の「世の中に教えるに教えられないものもある。たとえば経営のコツですな。経営学は学べるが、実際の経営は教えてもろうて『分かった』というものやない。これは一種の悟りですわ。」（傍線は筆者）（松下幸之助・談―梶原、1994：102―）という対経営学者"職場荒らしの発言"を知っているだろうか。
(2) 日本経営教育学会・第52回全国大会（2005年10月10日、於　愛知産業大学）統一論題「経営教

育・誰が誰に何をどのように教えるか」における増田報告に対して，筆者が予定討論者としてのコメントの中で暫時命名した。
(3) 辻村（2006 b）を参照。
(4) 詳細は，小野（1979）を参照。
(5) 参考までに，レスリスバーガーは「私は彼を『エグゼクティブ』とは呼ばず，『経営者（administrator）』と呼んでいる。（中略）『執行する（execute）』という動詞は固定観念化したイメージによく当てはまるけれども，彼が対応しようとしていかねばならない全体情況には『経営する（administer）』という動詞の方がよりよく当てはまるように私には思われたからである。」（Roethlisberger, 1952：145）（辻村・坂井，1998：45）と言う。が，逆にドラッカーは「用語についてもう少し触れるならば，マネジャーという言葉もあまり使いたくありません。この言葉からおのずと部下という言葉が浮かんでくるからです。（改行）ですから『経営責任者』（executive）という言葉をよく用います。この言葉の方が，人々を支配するのではなく，ある分野に責任を負うというイメージがあるからです。」（Drucker, 1993＝1997：61）と言う。
(6) 辻村（2003）を参照。
(7) 辻村（2001）第 2 章に詳述。
(8) 医学では仮説の正しさは患者の治癒という結果によって一応証明されるが，経営学にはそういった「患者」が存在せず，経営学の実践性の測定不可能性につながる。ある意味では，その測定不可能性も「経営学＝実践学」幻想を膨らませている。

〈参考文献〉
伊藤文雄（2007）「MBA 教育と専門職大学院」青山ビジネススクール編『青山マネジメントレビュー』プレジデント社，No. 11。
小野豊明（1979）『日本企業の組織戦略』マネジメント社。
梶原一明（1994）「松下幸之助と本田宗一郎の経営『名語録』」『プレジデント』誌（プレジデント社刊）1994 年 12 月号。
Ghosn, Carlos（2006）『ゴーン・テキスト　ビジネスの教科書』文藝春秋。
事業再生研究会（2003）『事業と社員・生活を守る社長の決断』アスカ・エフ・プロダクツ。
柴田義松（2000）「なぜ教育学を学ぶのか」柴田義松編著『教育学を学ぶ』学文社。
高原慶一朗（2006）『理屈はいつも死んでいる』サンマーク出版。
辻村宏和（2001）『経営者育成の理論的基盤―経営技能の習得とケース・メソッド―』文眞堂。
辻村宏和（2002）「1 経営技能の特性を前提としたケース・メソッド―『共感的学習法』に見る客観に対する主観の優位性―」日本経営教育学会編『経営教育研究 5―新企業体制と経営者育成』学文社。
辻村宏和（2003）「2『正しい理論』と経営教育(学)―伊丹敬之・加護野忠男の「経営教育」所見に寄せて―」日本経営教育学会編『経営教育研究 6―経営実践と経営教育理論』学文社。
辻村宏和（2005）「12 もう一つの『経営学をいかに考えるか』論―経営教育を理論的に支え得る経営教育学の探求―」日本経営教育学会編『経営教育研究 8―MOT と 21 世紀の経営課題』学文社。
辻村宏和（2006 a）「4『賢明な経営者』と『賢明でない経営者』―経済学と『経営教育学派の経営学』の理論的前提―」日本経営教育学会編『経営教育研究 9―経営教育と経営の新課題』学文社。
辻村宏和（2006 b）「第 3 部 3. 経営教育学の確立をめざして―山城テーゼ『経営学は経営教育である』の進化―」日本経営教育学会 25 周年記念編纂委員会編『経営教育事典』学文社。
辻村宏和（2006 c）「経営学と経営者育成―『経営教育学派』の認知向上―」日本経営学会編『〔経営学論集第 76 集〕日本型経営の動向と課題』千倉書房。
辻村宏和（2007 a）「経営教育学序説―経営手腕に迫るための立論形態の再考―」日本経営教育学会編『経

営教育研究 10―経営教育の新機軸』学文社。

辻村宏和（2007 b）「経営教育学序説―『成功要因分析』と『経営者ランキング』の意義―」『創価経営論集―特集：経営教育の現状と課題―』第 31 巻・第 3 号（経営学部開設 30 周年記念号）。

長戸美樹（2006）「（特集：企業再生―診断士に求められるもの）経営者と診断士へのメッセージ―再生支援事例からの教訓―」『企業診断』誌（同友館）2006 年 12 月号。

野内良三（1998）『レトリック辞典』図書刊行会。

増田茂樹（2007）『経営財務本質論―もう一つの経営職能構造論―』文眞堂。

Barnard, C. I. (1938) *The Functions of the Executive*, Harvard Univ. Press.（山本安次郎・田杉競・飯野春樹訳（1968）『新訳 経営者の役割』ダイヤモンド社）

Barnard, C. I. (1948) *Organization and Management* : *Selected Papers*, Harvard Univ. Press.（飯野春樹監訳，日本バーナード協会訳（1990）『組織と管理』文眞堂）

Drucker, P. F. (1993) "The Post-Capitalist Executive" (interview)（田代正美訳（1997）「伝統的マネジメントの崩壊　知識主導型社会におけるリーダーシップ」『DIAMOND ハーバード・ビジネス』第 22 巻・第 4 号）

Roethlisberger, F. J. (1952) "The Role of the Administrator in Our Modern Society", *Roethlisberger, Man-in-Organization.* : *Essays of F. J. Roethlisberger*, Cambridge : Mass. : The Belknup Press of Harvard University Press, pp. 145-153.（辻村宏和・坂井正廣（1998）「フリッツ・レスリスバーガーの経営者論：『現代社会における経営者の役割』の翻訳と解題」『経営情報学部論集（中部大学）』第 13 巻・第 1 号）

An introduction to the management-education theory : A meaning of the core proposition & hypothesis

Chubu University

Tsujimura Hirokazu

ABSTRACT

The aim of this paper is to study an effective theoretical scheme of management-education, which is not available yet. By doing so, we would like to make the instruction system for teaching management ability to many students, to construct management-education as a school of management theory.

First of all, we suggest core proposition & hypothesis to consider the difference between existing management theory and management-education theory that is research question of this paper. The answer to the question is that 'can we make a problem-solving in management practice by using existing management theories?' by making some useful sub-hypotheses, we will answer the question and indicate the direction of management-education theory.

研究論文

管理職への移行における諸問題

神戸大学　元山　年弘

キーワード
管理職　リーダーシップ　キャリア移行　職務適応

はじめに

　最近,「管理職になりたくない」と考える人が増えている。『日経ビジネス』の調査では,若手の半数以上が,管理職になることをキャリア上の目標にしていないという[1]。このことは,管理職への移行が新任管理者にとって心理的負担をもたらすものであることを物語っている。

　また,たとえ管理職になる意欲があろうとも,新たな役割にうまく適応できるとは限らない。スポーツの世界で「名選手,必ずしも名監督にあらず」と言われるように,プレイヤーとして実績を残し,監督やコーチになりたくなった人でも,指導者として有能であり続けることは難しい。なぜなら,プレイヤーとマネジャーとでは果たすべき役割も求められるスキルも異なっているからだ。このことは,ビジネスの世界においても同じことである。優秀なセールスマンが営業所のマネジメントに長けているとは限らないし,優秀な技術者が大きな開発プロジェクトで効果的なリーダーシップを発揮できるとは限らない。

　このように,管理職になるキャリアの節目では,心理的にも,技術的にも多くの移行課題が存在すると思われるが,この問題について,実用書の類は数多あるが,経験的な研究はあまり多くない。本稿は,こうした理論的な間隙を埋めるべく,一般社員から管理職になるキャリア移行に焦点をあてて,その節目で新任管理職が直面する移行課題を明らかにし,組織としてそれらの移行課題にいかに対処すべきかを議論することを目的とするものである。

1　問題設定

　キャリア発達という現象をどのように理解するかについては様々な見方があるが,そのひと

つとして，いくつかの段階によって成り立っていると理解する立場がある。たとえば，職業的なキャリア発達については，Super & Bohn (1970), Hall (1976), Schein (1978) といった論者によって段階モデルが提示されている。加藤 (2004) によると，これらの研究の共通点は，キャリア発達が「階段」を昇るようなものと捉えられており，段階ごとに存在する危機や発達課題をクリアすることによってキャリア発達が進展すると前提されていることである。

キャリアの節目をいかにくぐるのかという問題については，キャリア発達論の中でもキャリア移行論において理論的な議論がなされてきた。たとえば Bridges (1980) は，自身が主宰するセミナーでの臨床経験に基づいて，① 終焉（古い世界との決別），② 中立圏（古い世界と新しい世界の狭間で，どっちつかずの状態），③ 始まり（内なる再統合）の3段階から成るキャリア移行に関するモデルを提唱している。また，Nicholson & West (1988) は，① 準備（新たな状況への移行を前にしての心理的，技術的な準備の段階），② 遭遇（新たな状況での変化に直面する段階），③ 順応（新たな状況に馴染み始め，状況に適応すべく自分の考え方や行動を変えてゆく段階），④ 安定（新たな状況での課題を安定的にこなしている段階）という4段階から成る循環的な移行モデルを提唱している。

しかし，これらの研究は，キャリア移行がどのように進展するのかを理解する上で我々にとって示唆的なものではあるが，キャリア移行一般に適用可能な知見の創出が目指されており，管理職になるキャリアの節目についての具体的様相を明らかにするものではない。

管理職へのキャリア移行に関する数少ない注目すべき研究としては Hill (1992) を挙げることができる。Hill は，証券会社とコンピュータ会社の19人の新任営業マネジャーへのインタビューから，セールスマンからマネジャーへの移行の様子を明らかにしようとした。Hill によると，管理職への移行はスキルやコンピテンシーの獲得や新たな人間関係の発生だけにとどまらず，深いレベルでのアイデンティティの転換を伴うという。一担当者のときは，現場の実務の自分の努力によって達成することが中心であるが，管理職になると，組織的な目標や課題を設定し，その達成に向けて人びとを巻き込んでいくことが求められるようになる。「マネジメント」という言葉は，「人びとを通じて事を成し遂げること」(Koontz & O'Donnell, 1955：3) と定義されるが，管理職になることは，仕事を自分でやるのではなく，部下や他部署をうまく使いながら成果を挙げていくことへと意識を変えなければならないということなのである。

しかしながら，このような意識転換は，誰もがすんなりと達成できるというわけではないだろう。キャリア移行に関する多くの先行研究が示唆するように，キャリアの節目をくぐる際には，多かれ少なかれ心理的な抵抗が伴う。たとえば，前述の Bridges (1980) によると，キャリアの節目では，移行前の世界と決別できない，古い世界と新しい世界の狭間の空虚感に戸惑う，新しい世界への恐怖や不安といった心理的課題に直面するという。また，McCall & Lombardo (1983) は，より高い地位への移行に際して新たな状況や役割にうまく適応できな

いことを「キャリアの脱線」(career derailment) と名づけているが，一般社員から管理職への移行はまさに脱線が起こりやすい局面であると言えよう。

移行期に生じるこうした諸問題への対処が個人のキャリア発達にとって重要であることは言うまでもないが，個人が移行期の問題にうまく対処できなかったときの組織的な悪影響を考えると，新任管理職が直面する諸問題は，個人のキャリア上の問題としてだけではなく，組織や経営にとっても重要な問題として位置づけられよう。

では，管理職への移行期において，新任管理職はどのような問題に直面するのだろうか。また，管理職へのスムーズな移行を助けるために，組織はどのような対策を講じればよいのだろうか。本稿では，新任管理職が直面する諸問題の様相を明らかにし，それらに対処するための組織的な方策について考察する。

2　新任管理職にとっての諸問題

まず，新任管理職が移行期に直面する諸問題がどのようなものか，具体的な事例に即して検討しよう。中堅管理職 33 名の管理職への移行の事例を分析したところ，新任管理職が直面する諸問題には，管理職務遂行にまつわるものと，職務遂行に対する不安や不満といった心理的なものがあることが明らかになった。[2][3]以下では，具体的な"症例"とその発生要因を見ていこう。

2.1　管理職務遂行にまつわる諸問題

ソロプレイヤーとして活躍していた人にとって，人びとを束ねる役割への移行は，失敗と戸惑いの連続であるが，その内容は実に多様である。

(1) 日常のタスク管理

部下に対して適確な指示を与えたり，部下の仕事ぶりをチェックして，時には圧力をかけて成果を挙げていくことは管理職にとって重要な役割であるが，仕事を放任したり，丸投げになってしまう新任管理職が多く見られた。[4]

管理職になると，その組織全体について責任を負うことになるので，自分にとって経験がない領域や苦手な領域も管理しなければならない。そうすると，現場に指示を出したくても出せない，あるいは自分の意思決定に自信が持てないという状況に陥り，つい部下に任せっぱなしになってしまうことになる。

また，人を管理する居心地の悪さも放任や丸投げの原因となる。管理職になると，部下に課した目標を達成させる，規則をきちんと守らせる，ときには部下の尻を叩いてハッパをかけた

り，厳しく叱責したりすることが必要であるが，そうしたことは部下にとってはもちろんのこと，管理職にとっても決して気持ちのよいものではない。自分が担当者だったときに，上司から細かく管理されたり，圧力をかけられたりするのが好きだったという人は稀だろう。できれば自分が嫌だったことはしたくないと思ってしまう。ましてや，新任という立場上，部下に対して強く出ることへの気後れや遠慮もあるだろう。そのような心情から，部下へのチェックが疎かになったり，業績に対してシビアになれないということが生じてしまうのである。

(2) 戦略やビジョンの設定

　自分が預かる組織の長期的なビジョンや戦略を打ち出すことも管理職の重要な役割であるが，そうした大きな絵が描けない，目先のことに終始してしまう，部下に目指すべき方向を提示できないといった新任管理職も多く見られた。[5]

　これまで自分の専門領域における日常業務に専心していた新任管理職が，全社的な方向性と連動した長期的な展望を示すことにはかなり困難が伴う。自分がこれまで従事してきたことに関わる実務的知識は豊富に持っていても，組織全体の事情や戦略，財務面に関する知識が欠如しているからだ。

　また，一般社員時代の仕事のペースが抜けず，目の前の課題を順次こなしていくことに終始してしまったという声も多く聞かれた。部下に任すべきことに手を出したり，慣れない管理事務に時間を要したりで，日常の忙しさに追われ，自分がなすべき戦略やビジョンの策定を疎かにしてしまうのである。

　さらに，ビジョンや戦略を設定することは，組織を誤った方向に導くかもしれないという恐怖感や，自分が最終決断を下さねばならない孤独感に耐える心理的な強靱さが要求されるが，それを克服できる新任管理職は多くないだろう。

(3) 部下の活用や育成

　部下に仕事を任せたり，育てたりといった，部下の有効活用も多くの新任管理職が躓く移行課題である。具体的には，部下を過剰に管理したり，自分の考えを部下に押し付けるなど，部下の自主性を蔑ろにしてしまったり，部下の育成やキャリア形成への配慮が欠けてしまうといった意見が聞かれた。[6]

　管理職の多くは，その実務領域で優れた実績を残してきた人であり，大抵の場合，部下よりも知識や経験の面で優位に立っている。そのため，いちいち部下に指導するのはもどかしいし，「何故こんなことができないのか」と苛立ちも募る。その結果，自分で仕事を抱え込んでしまったり，自分の考えに基づいて箸の上げ下げまで過剰に管理してしまうということが生じる。

　また，業績達成への不安や重圧も任せられない一因として挙げられる。管理職になると自分

が預かる組織の成果責任を負い，上層部から厳しい業績評価の目に晒されることになる。ところが，その成果が達成できるかどうかは現場の担当者の働きぶりにかかっているので，当人は不安で仕方がない。そのため，現場をできるだけ自分でコントロールしようとしてしまうのである。

さらに，気負いや意気込みも新任管理職の職務遂行の障害となる。組織を預かったからにはいい結果を出したい，上層部からも高く評価されたい，部下からも「できる上司」だと認められたいと誰しもが思うだろう。しかし，そうした思いは，部下をフォローするという管理職としての本来の立場を忘れさせ，「俺が，俺が」と自分が前に出ることにつながってしまう。その結果，部下の仕事への過剰なコミットを招いてしまうのである。

（4） ネットワークの構築

管理職の仕事は，自分の部下以外にも，上司や経営幹部，同僚，他部門など多様なステークホルダーに依存している。部下については公式権限で何とか動かすことができても，上層部や他部門を巻き込むとなると，新任管理職にとって大きな課題となる。具体的には，何でも自分ひとりでやろうとして失敗したり，上層部や他部門の協力をうまく引き出せなかったりということが挙げられる。(7)

なりたての新任管理職は，インフォーマルな人脈を持っておらず，人を説得できる実績や信用もないため，上層部や他部門を動かすことにかなり苦労する。

また，管理職の仕事の他者依存性や人間の心理的機微や人を動かす難しさを理解していないというケースも多い。そのため，自分だけで何とかなると思ったり，相手の心情への配慮が欠けたりしてしまうようだ。

さらに，自分の有能さを見せたいと思って誰かに頼ることを拒否したり，管理職たるもの人に頼ってはいけないという規範的な意識もネットワークの構築にはマイナスに作用する。

2.2 心理的な抵抗や障害

前項では，職務遂行面にまつわる移行課題について見てきたが，一方で，管理職の仕事にまつわる不満や不安といった心理面の移行課題も多く見出された。

（1） 私生活への悪影響

管理職の仕事にまつわる不満で多く聞かれたのが，生活面や経済面に悪影響を被るという点である。(8)

管理職になると，部下や他部門からいろいろな面倒事が持ち込まれ，自分の仕事はそっちのけでその対処に追われる。会議や取引先の接待にも顔を出さなければならない。このような状

況では，部門計画の立案など沈思黙考しなければならないような仕事が日中にできないので，やむを得ず夜遅くまで残業することになる。休日は疲れ果てて寝ているか，仕事が残っていればそれを片付けなければならないので，余暇や家族との時間も減ってしまう。

さらに，どんなに遅くまで残業しても，担当者時代は支給されていた残業手当が管理職には支給されず，場合によっては担当者時代よりも給料の総額が減ってしまうこともある。このような状況を考えると，管理職になどならなければよかったという気持ちになってしまう。

（2） 実務から離れる戸惑い

実務から離れることに戸惑いを感じたと語る人も見られた。[9]

組織は，人びとを束ねることが好きな（得意な）人や出世を望む人ばかりで成り立っているわけではない。出世よりも好きな仕事をやり続けることや専門性を磨くことを望むキャリア観を持つ人びとは多い。たとえば，「お客さんの喜ぶ顔が見たい」，「ヒット商品を開発したい」など，その実務そのものが好きでその仕事に就いたという人も多いだろう。また，新卒で入社して管理職になるまでに10年，あるいはそれ以上かかるとすると，相当長い期間を現場で過ごしてきたことになる。現場の仕事に対する自信や誇りもあるだろう。そのような人にとっては，管理職になることは，昇進とはいえ好きな仕事や得意な仕事に従事する機会を奪われるということになる。このように実務に愛着や誇りを持っている人は，管理職になることによって実務から離れる寂しさや喪失感を感じるだろう。

また，管理職になることを自分がこれまで培ってきた技術力が現場で通用しなくなったからだと解釈する人もいた。このことは，管理職になることが職業人としての有能感や自己効力感の低下につながる可能性を示唆している。

（3） 不安

新たな世界に飛び込むにあたって不安は付き物だが，新任管理職も様々な原因から不安な気持ちに陥るようである。[10]

たとえば，管理職への適性や期待されている業績達成についての不安などが挙げられる。自分は本当に管理職に向いているのだろうか，自分は管理職の務めを果たせるのだろうかという不安は誰もが感じることだろうが，前任者が優秀な人だった場合，それは新任管理職に大きなプレッシャーとなって圧し掛かる。

また，近年は成果主義的な人事制度が広まり，管理職もシビアな業績評価に晒される。上層部からの業績達成圧力も相当強いものがあるだろう。こうしたプレッシャーも新任管理職の不安を増大させる要因となる。

（4） 孤独や憂鬱

　管理職の仕事には孤独感や憂鬱感が伴うことは職務遂行にまつわる問題のところでもすでに述べたとおりであるが，そうした感情は，職務の忌避や心的活力の減衰にもつながる。[11]

　たとえば，意思決定者として，あるいは人の上に立つ者として，今まで仲間として付き合ってきた人たちに対して言いたくないこと（言い難いこと）を言わなければならないときは，自己を抑制するストレスに直面する。

　また，中間管理職の悲哀として，部下（現場）と上司（経営）に挟まれる辛さがよく指摘されるが，我々のインタビューでも同様の感想が多く聞かれた。

　さらに，管理職になると，仲間からの見られ方も違ってくる。これまでは仲間としてフランクに接してくれていた人も，管理職や上司として見るようになる。たとえば，メンバー同士で飲みに行くときに自分だけ誘われないのは，些細なことかもしれないが，当の本人にとっては寂しいことだ。こうして生じた彼らとの間の壁や溝によって疎外感を感じる新任管理職が多く見られた。

（5）「管理職」への幻想

　最後に，新任管理職が「管理職」というものに対して抱いている幻想にまつわる抵抗や障害が挙げられる。[12]

　新任管理職は新たな役割への参入にあたって，「管理職」というものについて様々なイメージを持ち込む。たとえば，管理職になると大きな権限が与えられ，やりたいことが自由にできるようになると考える人はかなり多い。また，マネジャーや経営者として成功したビジネスリーダーの成功物語を管理職になった自分と重ね合わせている人も多く見られた。しかし，それらのイメージは往々にして管理職の仕事のいい面ばかりを見て形成された楽観的なものであり，現実は必ずしもそうではない。そのようなイメージを抱いている人が，いざ管理職の厳しい現実に直面すると，幻滅や失望といった激しいリアリティショックに苛まれることとなるだろう。[13]

　また，自分を鋳型にはめるかの如く管理職としての「あるべき姿」に縛られ，苦しむ人も多く見られた。巷にはマネジメントやリーダーシップについての情報が氾濫し，新任管理者は，それらの情報をもとに，管理職としてのあるべき姿をイメージし，そのとおりに振舞おうとする。そのこと自体は役割適応の自然な形であるが，規範的な管理者像への過剰意識は，本来の自己との乖離を生み，自分らしさや自分の持ち味を見失ってしまう恐れがある。

　以上，新任管理職が移行期に直面する諸問題について具体的な症例を紹介したが，ここでの主な発見事実は図表1のように要約できる。

図表 1　新任管理者が直面する諸問題

分類		主な症例	原　　因
管理職務の遂行にまつわる問題	日常のタスク管理	・部下に仕事を任せっ放しにしたり、丸投げにしてしまう ・部下に対して達成圧力をかけられない	・担当範囲の広がりに対応できない ・人を管理することは居心地が悪い ・部下への遠慮 ・面倒くさい
	戦略やビジョンの設定	・長期的、戦略的な大きな絵が描けず、目先のことに終始してしまう ・部下に明確な目標を与えられない ・全体最適で考えられない	・これまでは自分の専門領域で、日常業務だけに専心していればよかった ・日常業務に追われて考える余裕がない ・決断する孤独感、恐怖感、重圧 ・自信の欠如 ・財務面や全社戦略の無理解
	部下の活用や育成	・部下に対する過剰管理 ・自分の仕事のやり方を押し付ける ・部下の能力向上やキャリア形成に関する取組みができない	・部下に任せる不安 ・自分でやったほうが早いという苛立ち ・気負いや意気込み ・担当者時代の経験や実績の自信
	ネットワークの構築	・何でもひとりでやろうとする ・上層部や他部門を巻き込むことができない	・他者依存性への無理解 ・人間関係の機微への無理解 ・管理職としての実績や信用の不足 ・自己の能力への過信 ・人に頼りたくない（見栄やプライド）
心理的な抵抗や障害	私生活への悪影響	・ワークライフバランスへの影響 ・金銭面の不満	・雑務の多さや人員カットによる労働時間の増加 ・超過勤務手当がなくなる
	実務から離れる戸惑い	・現場を離れるのが寂しい	・実務への深いコミットメント ・管理業務が退屈 ・現場で通用しなくなったという思い
	不安	・管理者適性への不安 ・業績達成への不安	・優秀な前任者の存在 ・プレッシャー
	孤独や憂鬱	・人の上に立つ孤独感や疎外感 ・自己を抑制するストレス ・上と下に挟まれる辛さ	・部下との上下関係 ・本音と建前を使い分けなければいけない局面
	「管理職」への幻想	・リアリティショック（幻滅や失望） ・自分のアイデンティティや持ち味を見失う	・規範的な"あるべき姿"の過剰意識・楽観的な管理職イメージ

3　トランジション・マネジメントに向けて

　管理職になる移行期における諸問題は，管理者本人のキャリアにとって大きな問題であることはもちろんであるが，管理者の失敗や心理状態が組織の業績や彼らを取り巻く人びと（上司，部下，同僚など）に少なからず影響を及ぼすことを考えると，それは決して新任管理者本人だけの問題ではない。(14) では，組織は新任管理者の移行にまつわる諸問題に対してどのように対処すればよいのだろうか。以下では，総花的ではあるが，効果的なトランジション・マネジメントに向けた具体的な提言を示すことにしよう。

3.1　昇進システムの改善

　管理職への移行は，組織にとっては昇進にまつわる問題でもあり，移行課題のいくつかは昇進システムの改善によって克服しうると考えられる。

　昇進システムの改善には2つの論点があると考えている。第1に，キャリアパスの多様性の確保である。本稿で示された移行課題の多くは，その人の管理者適性やキャリア志向と密接に関わるものであるが，組織階層の階梯を昇っていくことしかキャリア目標がない単線型のキャリアパスでは，管理職になりたくない人や適性のない人も管理職を目指さざるを得ず，適性やキャリア志向とのギャップを招きやすい。そのようなギャップを回避するために，複線型のキャリアパスを設けて，管理職にならないという選択肢を設ける必要がある。実際，多くの企業では，専門職制度を設けて，管理職にならない人材の処遇が行なわれている。しかしながら，企業内での専門職の地位や給与が低く位置づけられていたり，専門職を正当に評価する仕組みが構築されていなかったりといった制度的不備も指摘されており（原口，2003），管理職への志向や適性がない人があえて管理職を目指さなくてもよいような制度設計が望まれる。

　第2の論点は，昇進対象者の選抜方法である。昇進対象者を選ぶ際，担当者時代の業績が指標とされることが多いが，これはつまり「優れた実績を残した者はこれからも優れた業績をあげるはずだ」という論理である（McCall, 1998）。しかし我々の調査では，担当者として優秀だった人が管理職になって躓いた例が多く見られた。繰り返しになるが，やはり「名選手，必ずしも名監督にあらず」なのである。管理職への選抜は，担当者時代の業績だけに依るのではなく，管理職としての能力，適性，キャリア志向など多様な観点からなされるべきであろう。

3.2　心理的レディネスの向上

　新たな役割にスムーズに移行するためには，新たな世界に対する備えを高めることが効果的である。

何かを学習するために最も効果的な方法は，やはり自分でそれを体験することであろう。これは，マネジメントやリーダーシップの学習においても同じであり（McCall et al., 1988：金井, 2002），新任管理者のスムーズな移行においても，移行前に然るべき経験を積む機会があることが望ましい。具体的には，管理職登用前のプロジェクトリーダー経験や主任や係長として擬似的にマネジメントに従事したりすることは，管理職への移行に向けた準備的経験となるだろう。

しかしながら，すべての管理職候補者に対して移行前に効果的な学習機会を与えることには限界がある。また，今日では，組織のフラット化が進み，課長職より下の階層を廃止している組織も多く，主任や係長を経験せずに，いきなり管理職になる人も増えている。[15] そこで，そのような限界を補完するものとして，新任管理職研修も重要なツールとして考慮されるべきであろう。

具体的には，節目をスムーズにくぐるという観点から，新任管理職が直面する具体的な移行課題に即した研修プログラムの必要性を指摘したい。従来の新任管理職研修は，管理職のあるべき姿を理解させるような規範的なものや，目標管理面接の進め方など技術的内容のものが中心であったが，新任管理職が陥りがちな心理状態や落とし穴など，彼らが移行期に直面する心理的抵抗や障害の実相についての事前情報を与えることによって，実際の移行に際しての心理的レディネスを高め，リアリティショックの緩和につながると考えられる。

3.3　新任管理職のエンパワーメント

前述のように，昨今では管理職になりたがらない人が増えており，なってからも様々なストレスに直面する新任管理職の現状を考えると，彼らの元気づけにつながる方策も必要であろう。

まず，給与面への不満やワークライフバランスの問題といった私生活への悪影響に関する課題については，管理職の待遇を改善することによって，ある程度は克服することができるだろう。具体的には，報酬体系の見直しや人員補充などの負担軽減策が考えられる（もちろん，組織にとっては相応の支出を伴うが）。

より深刻なのは，管理職に"やりがい"を抱けない人が少なからず存在しているということだ。前述の『日経ビジネス』の調査では，管理職になりたくないと回答した人のうち，実に51.9％の人が「やりがいを感じないから」と回答している。管理職を取巻く環境が厳しいことを考えると，やりがいを感じないのも無理のないことなのかもしれないが，決して無視できない問題である。組織として，管理職に雑務を課したりプレッシャーをかけたりするだけではなく，前述の待遇面の改善に加えて，彼らに責任に見合った権限や経営資源を与えるなど，やりがいの向上も同時に図るべきだろう。

さらに，新任管理職にとっての上司の役割も重要であろう。今は部長やそれ以上の立場にい

る人でも，かつては誰もが初めて管理職になる節目をくぐってきており，新任管理職の戸惑い，不安，孤独，どのような支援や助言を欲しているかが手に取るように理解できるだろう。その意味では，新任管理職にとって自分の上司は最も頼りになる存在であるはずだ。ところが，当の新任管理職は，上司を頼ることに抵抗がある。前述のように，自分で解決しなければならないという意識や，上司に管理職不適格者の烙印を押されることを恐れるからだ。また，相談したくても，上司の仕事の邪魔をしてはいけないという遠慮も生じる。このように，新任管理職にとって上司は近くて遠い存在なのである。上司は，新任管理職と自分との間にはこのような障害が生じやすいことを理解し，積極的な支援者であるべきだろう。[16]

むすび

　本稿では，インテンシブなフィールド調査に基づいて，新任管理職が犯しやすい職務上の失敗や陥りやすい心理状態，およびその発生要因について検討した。また，調査結果を踏まえて，昇進システム，心理的レディネスの向上，新任管理職へのエンパワーメントといった観点から，組織が管理職への移行をマネジメントするための具体策を検討した。これらの考察は，一定の理論的・実践的な意義を有していると考えられる。

　他方で，本稿は今後克服されるべきいくつかの課題を残している。ひとつは，本稿で提示された発見事実の一般性の確認である。本稿の分析は比較的少人数へのインタビューに基づいたものであり，そこから見出された知見は，より多くの管理職への適用可能性を保証するものではない。今後，より多くの事例を蓄積しつつ，また大量サンプルに対する定量的調査の実施も検討したい。また，本稿で提示されたような移行課題を経験しやすい人とそうでない人には，どこに違いがあるのかを解明しなければならない。それは新任管理職の個人特性によるのか，あるいは彼らが置かれた状況に起因するのか，移行の成否に影響を及ぼす要因の解明が望まれる。最後に，本稿では移行課題への対処策についていくつかの点から考察したが，紙幅の都合もあり総論的なものになってしまっている。今後は特定の移行課題に焦点を絞った詳細な考察が求められるだろう。

〈注〉
(1)　詳細については『日経ビジネス』2006年11月6日号を参照されたい。
(2)　本稿で使用されるデータは，下記の2つの調査（調査A，B）に基づいている。①調査A：多様な企業（製造業，商社，金融）に属する中堅管理職9名へのインタビュー。職能の内訳は営業系4，管理系5。調査実施時期は2001年10月～2003年12月。②調査B：製薬会社X社（従業員約1,200名。2006年度連結売上高約2,500億円。東証1部上場。本社は大阪市）の中堅管理職24名へのインタビュー。職能の内訳は営業系12，製造/技術系4，管理系8。調査実施時期は2004年7月～2006年6月。インタ

ビューは調査A，Bともに管理職になったときの様子を回顧してもらう形式で実施した。予め簡単なインタビュー項目を用意したが，必ずしもそれに拘らず，調査協力者との自然な会話を重視した。なお，調査協力者の同意の上で，インタビュー内容は録音された（総時間は約69時間）。

(3) データ分析は以下の手続きによる。まず，上記の録音データを文字データに書き起こした（総字数は約104万字）。次に，文字データから管理職への移行に伴う躓きや戸惑いに言及した箇所を抽出し，互いの類似点，相違点を比較検討しながらカテゴリーを生成した。

(4) 「結構戸惑ったのは確かなんですよ。知らない領域なんでね，部下の相談にもあんまり乗れなくて」「あんまり管理してないですね。管理したくない自分もどこかにありますね」などの発言があった。

(5) 「余裕がないためもあったと思いますが，自分自身に明確なビジョンがなかったのもありますし，目先のことだけになってしまってました」「自分の決断がどれだけ影響与えるかっていうのを身に染みて感じるから，すごくやっぱり決断に怖さがありますよね」などの発言があった。

(6) 「自分はできると思うから，僕も最初陥ったんですけど，自分は今までできたんやからお前らもできるやろうっていう感覚で物事を見てしまうんで」「期限がなければ全然いいんですけど，必ず期限があって，それに間に合うのかっていう心配がありました」「変に意気込んで，最初は自分が，自分がっていう風になってしまってましたね。やっぱり格好をつけたいっていうか」などの発言があった。

(7) 「上司たるものっていう意識が多少ありますよね。誰かに相談する前に，自分が決めなあかんのかなって」「"べき論"で走ると失敗しますね」などの発言があった。

(8) 「残業しても手当はつかないし，振替休日も使えないし，有給休暇もない。ゆとりがなくなった」「忙しい。それに見合った報酬というのが納得できない」などの発言があった。

(9) 「実務的な部分にタッチできなくなる寂しさはありましたね」「技術者として役に立たなくなったってことなんだっていう強迫観念がありました」などの発言があった。

(10) 「相互評価っていうのは怖いんですよね。すっごい不安な感じでしたね」「自分はスペシャリスト的なほうが向いてるっていうのもどっかにあったと思うんですけどね。マネジメントなんかできるんかなぁっていう不安がありましたね」などの発言があった。

(11) 「自分を殺さないといけないところがあるんですよね」「気軽に飲みに行くときでも違うよね。疎外感みたいなのはありますね」などの発言があった。

(12) 「最初，元上司の真似をしようと思ったんですけど，できなかったです。もって生まれたものが違うんですね。じゃあ自分のやり方は何かっていうと…」「経営にもっと参画できるような立場だと思ってたんですよね。ガックリ感はありますね」などの発言があった。

(13) リアリティショックとは，「個人が仕事に就く際の期待と現実感とのギャップに由来するもの」と定義される（Schein，1978＝1991：105）。

(14) 米国企業のCEOや社長に，自社の中間管理職がブレークイーブン・ポイント（新任管理職の貢献がマイナスからプラスに転じる損益分岐点）に達するまでの期間を推計してもらったところ，平均6.2ヶ月かかるという。この期間をさらに短縮できれば，組織にとってもプラスになるだろう（Watkins, 2003）。

(15) 我々の調査協力企業でも組織のフラット化を進めており，主任や係長を経ずにいきなり管理職になることの戸惑いについて語る新任管理職も多かった。

(16) 新任管理職にとっての上司の重要性についてはHill（2007）も指摘している。

〈参考文献〉
原口恭彦（2003）「専門職制度」奥林康司編『入門人的資源管理』中央経済社。
加藤一郎（2004）『語りとしてのキャリア：メタファーを通じたキャリアの構成』白桃書房。
金井壽宏（2002）『仕事で「一皮むける」：関経連「一皮むけた経験」に学ぶ』光文社。

金井壽宏（2005）「ラインマネジャーになる節目の障害と透明：『なりたくない症候群』と『世代継承的夢』」『国民経済雑誌』第 191 巻第 3 号，神戸大学経済経営学会。

Bridges, W. (1980) *Transitions*, Addison-Wesley.（倉光修・小林哲郎訳（1994）『トランジション：人生の転機』創元社）。

Hall, D. T. (1976) *Careers in Organizations*, Goodyear Publishing.

Hill, L. A. (1992) *Becoming a Manager : Mastery of a New Identity*, Harvard Business School Press.

Hill, L. A. (2007) "Becoming the Boss", *Harvard Business Review*, Jan.

Koontz, H. & C. O'Donnell (1955) *Principles of Management : An Analysis of Managerial Functions*, McGraw-Hill.

McCall, M. W. & M. M. Lombardo (1983) "Off the track : How and Why Successful Executives Get Derailed ?", Technical Report, 21, Center for Creative Leadership.

McCall, M. W., Lombardo, M. M. & A. M. Morrison (1988) *The Lessons of Experience : How Successful Executives Develop on the Job*, Free Press.

McCall, M. W. (1998) *High Flyers : Developing the Next Generation of Leaders*, Harvard Business School Press.（金井壽宏監訳・リクルートワークス研究所訳（2002）『ハイ・フライヤー：次世代リーダーの育成法』プレジデント社）。

Nicholson, N. & M. A. West (1988) *Managerial Job Change : Men and Women in Transition*, New York, Cambridge University Press.

Schein, E. H. (1978) *Career Dynamics : Matching Individual and Organizational Needs*, Addison-esley.（二村敏子・三善勝代訳（1991）『キャリア・ダイナミクス』白桃書房）

Super, D. E. & M. J. Bohn (1970) *Occupational Psychology*, Wadsworth.

Watkins, M. (2003) *The First 90 Days*, Harvard Business School Press.（村井章子訳（2005）『ハーバード・ビジネス式マネジメント：最初の 90 日で成果を出す技術』アスペクト）

Problems of the career transition into managerial job

Kobe University

Motoyama Toshihiro

ABSTRACT

Although some earlier literatures suggest that there are many problems in career transition into managerial jobs, only few empirical researches have even conducted so far. In order to fill this theoretical gap, we conducted the intensive field interview studies in experiences and views of 33 middle managers. As a result of the analysis, many problems they face can be divided roughly into two categories. That is, they are "managerial troubles" (the troubles concerning management and leadership practice), and "psychological troubles" (the troubles concerning psychological resistance on managerial job, such as uneasiness and dissatisfaction etc.). This paper tries to explore the contents and the causes of these problems. Furthermore, we offer the suggestion about the ways of coping of these problems.

中国企業におけるコーポレート・ガバナンス原則と有効な企業独自原則の本質と課題

神奈川大学　宣　京哲

キーワード
コーポレート・ガバナンス　コーポレート・ガバナンス原則　政府主導原則　証券取引所原則　企業独自原則

はじめに

　1970年代における中国の国営企業は，国家が無限責任を負うような工場制企業であり，企業が国家の「大鍋飯（多くの人に供するために作られた鍋で炊いたご飯）」を食うような自主性のない非効率的経営状況におちいっていた。そして，国営企業の積極性を高めることを目的に，1980年代からは，企業自主権を拡大し，多くの利潤も企業に残すような「放権譲利」改革が実施されたのである。しかし，この改革も倫理性を失った企業経営者が会社を食い物にするのを防ぐことができず，企業発展を導くことはできなかったのである。

　そこで，1992年末の鄧小平「南巡講話」を契機に，公有制企業の株式会社化が加速度的に進められ，本格的な「近代的企業制度」の確立が実施されたのである。そこでは主に，株式所有構造の改革と企業経営機構の構築が実施されるようになった。具体的に，株式所有構造では，投資家による国有企業への投資環境を整えるような株式制度を形成することと，企業経営が国家行政機関から独立し，企業の経営管理も行政の直接関与から分離されることであった（金山，2007a：170-171）。また，企業経営機構では，国家行政機関から独立した企業経営者に対する監督と責任問題の追及，そして有効なインセンティブ向上体制を整えることであった。

　こうした1990年代におけるコーポレート・ガバナンス問題を解決するために，中国では2000年に入って，多くの指導意見やガイドライン，報告や規則などが策定されたのである。それらの総称は，「コーポレート・ガバナンス原則（以下「原則」と言う）」と呼ばれる。諸原則のなかでも，2002年1月に公表された「中国上場会社コーポレート・ガバナンス原則（以下「上場会社原則」と言う）」が代表的である。さらに，それを皮切りに広まりつつある今日に

おける諸原則と，中国企業が独自に自社の経営環境に適合的とされる原則を策定し，その実効力を発揮していくことは，中国における株式市場の健全化において，なくてはならない重要な役割を果たしていると考えられる。

　小島（2003b）は，企業が独自に策定する原則を企業独自原則と名付け，その策定と実施が企業経営に大きく役立つはずだと主張している。しかし，日本の企業においては企業独自原則の策定意識がいまだに薄く，それと企業経営との関連性に関する研究も深く議論されてこなかったのである。これに対し，中国の企業では2004年度後半において企業独自原則が活発に議論されはじめ，今日では，ほぼすべての上場会社において企業独自原則がそれぞれ策定されているのである[(4)]。それゆえ本稿では，中国の企業が企業独自原則を策定し，その実効力を追求することがいかに企業経営に反映されているのか，を明らかにすることを目的とする。

　そこで本稿の流れを概観すると，まず，中国における原則の分類と性質を総括し，原則の企業への浸透過程を検討する。次に，代表的な中国の企業3社の企業独自原則に焦点を当てて，企業独自原則が企業経営へ多大な影響を与えることを証明する。加えて，企業における企業独自原則の策定の必要性を強調しながらも，残された課題を検討し，今後の改善策を提案することにする。

1　中国におけるコーポレート・ガバナンス原則の体系化

1.1　上場会社コーポレート・ガバナンス原則の誕生

　2000年10月に開催された「中国共産党十五届五中全会」では，国家の統一的方針に，「健全なコーポレート・ガバナンス構築は国有企業改革を深化させる重要な任務である」と明記された。これにより，21世紀に入り中国が直面した優先的課題として，1990年代における一連の国有企業改革にともなって，コーポレート・ガバナンスを中心とする課題が明確となった。

　こうした国家の方針を背景にして，中国経済体制改革研究会と南開大学国際商学院は2000年11月に北京で，「WTO，企業発展とコーポレート・ガバナンス原則検討会」を共催した。この会議において，李維安が報告した「中国コーポレート・ガバナンス原則−世界潮流と企業改革への呼びかけ」は，多方面で大きな反響を巻き起こしたのである。特に，原則の策定提案に対しては多くの人々により賛成の声があがり，原則こそが有効な企業経営機構を着実に構築し，規範的なガバナンス制度とは何かに答えることができると強調したのである（王・劉，2001：38-39）。

　このようななか，李維安は研究チームを発足し，2001年2月に『中国コーポレート・ガバナンス原則（草案）』を公表した（南開，2001）。草案では原則のあり方がきめ細かく紹介され，一刻も早く原則が誕生することに大きな期待が寄せられた。その後，2002年1月に政府機関

である証券監督管理委員会（証監会）と国家経済貿易委員会（経貿委）は，上場会社原則を共同で策定することになった。

1.2 原則の分類と性質

上場会社原則の詳細については後述することにし，ひとまず図表1を用いて，上場会社原則を皮切りに広まりつつある今日の中国における原則の分類を総括する。それとともに，各原則が保有する性質も検討する。

図表 1　中国におけるコーポレート・ガバナンス原則の分類

分　類	原則一覧	
政府主導原則 （常委会） （証監会） （国資委）	独立取締役制度指導意見（2001） 上場会社原則（2002） 少数株主の権益保護原則（2004） 会社法，証券法（2005）	投資家との利害調整手引き（2005） 上場会社株主総会原則（2006） 上場会社定款手引き（2006） 情報開示管理原則（2007）
証券取引所原則 （上証所） （深証所）	上場規則（2004） 独立取締役事務報告原則（2005） 企業内部統制手引き（2006）	取締役会議事模範原則（2006） 監査役会議事模範原則（2006） 会員管理原則（2007） 情報開示の事務管理制度手引き（2007）
企業独自原則 （宝山鋼鉄） （万科企業） （民生銀行）	投資家関係管理原則（宝，民） 内部統制原則（万） 取締役と監査役報酬原則（民）	取締役会議事原則（共通） 執行役会長業務原則（万） 独立取締役業務原則（民）

（注）　企業独自原則は，3社以外にも多くの企業により策定され，その種類も多様である。ただ，本稿でこの3社を取り上げる理由と原則の詳細については，第3節で具体的に論じる。
（出所）　筆者作成

中国における原則を分類すると，大きく3つに分けることができる。

1つ目の政府主導原則は，全国人民代表常務委員会（常委会）や証監会，国有資産監督管理委員会（国資委）などの国家の統一的方針を定める政府機関が策定した原則を指す。それらには，法令化された会社法や証券法などが含まれ，企業に対し法的拘束性を持つと言える。一方，法令化されたわけではないが，上場会社が必ず参照するべき上場会社原則も含まれ，上場会社に対し強力な拘束力を持つと評価されている（金山，2007a：170）。

2つ目の証券取引所原則は，上海証券取引所（上証所）と深圳証券取引所（深証所）が策定した原則を指す。それには，必ず遵守すべき上場規則や会員管理原則などが含まれ，企業に対し強制性を持つと言える。一方，企業に対して，模範的情報を提供する取締役会議事模範原則も含まれ，企業が独自に策定するような提案性を持つと言える。

3つ目の企業独自原則は，上場している個々の企業単位が策定した原則を指し，宝山鋼鉄の投資家関係管理原則，万科の執行役会長業務原則，民生の独立取締役業務原則などがそれに相当する。企業独自原則は，主に企業経営者に関する正当な行動指針などを志向する原則であるため，企業経営者に対し，強力な遵守性を持つと考えられる。次節では，中国における各原則の概要を考察していく。

2　中国におけるコーポレート・ガバナンス原則と企業への浸透

2.1　中国上場会社コーポレート・ガバナンス原則

　まず，政府主導原則において最も重要である上場会社原則を考察する。なぜならば，この原則はOECDが1999年に公表した世界標準原則と言われる『OECDコーポレート・ガバナンス原則（以下「OECD原則」と言う）[7]』を参考にしたものであるからである[8]。また，次々と策定されている諸原則の参照基準となり，基礎的情報を与えているからである。上場会社原則は，95条より構成され，重要な内容に焦点をしぼると，図表2のように4項目となる（証監会，2002）。

図表 2　中国上場会社コーポレート・ガバナンス原則の概要

① 株主総会運営と株主権利の保護
機関投資家が経営者のインセンティブ体制や監督などに関する重大な方策決定に参加し，役割を発揮するようなシステムを構築し，株主の訴訟提起請求権を認めるべきである。これは，株主総会の形骸化や少数株主の発言権の縮小化問題に対処することが目的だと考えられる。
② 上場会社の独立性（企業経営が国家行政機関から独立することを指す）
支配株主による不正行為を防止することを目的に，役員選任や資産管理，財務運用や経営活動に関する権力問題に制限をかけるべきである。いずれも支配株主の発言権過剰化問題や国家行政機関の関与により発生する企業不祥事に対処するものであると理解できる。
③ 企業経営機構の強化
独立取締役を積極的に採用し，専門委員会（戦略・指名・監査・報酬と審査）を設置すべきであり，指名と監査，報酬と審査委員会は，独立取締役の構成比率を高くして設置すべきである。監査役会に関しては，監査役会の独立性と取締役会に対する説明請求権強化などが特徴となる。
④ 情報開示と利害関係者
幅広い利害関係者に対し，真実で正確な情報を公平かつ適時に提示する一方，コーポレート・ガバナンスへの取り組み情報も開示すべきである。経営者と従業員との積極的な対話を求めるほかに，福利厚生，環境保護，公益事業などといった企業の社会的責任を重視すべきである。

（出所）　証監会（2002）『中国上場会社コーポレート・ガバナンス原則』を基に，筆者作成

2.2　上海証券取引所の取締役会議事模範原則

次に，証券取引所原則において2006年5月に上証所より公布された取締役会議事模範原則を考察する。なぜならば，この原則は中国における上場会社のすべてが自社の経営環境に適合的とされる取締役会議事原則を策定することに対して，模範的情報を提供していたからである。取締役会議事模範原則は，32条より構成され，重要な内容をまとめると，図表3のように4項目となる（上証所，2006）。

図表3　上海証券取引所の取締役会議事模範原則の概要

① 会議の召集

　会議前に，各取締役の意見や提案を集めることと，取締役会長は執行役員の意見を十分に入手することで，会議の効率性を高める。臨時会議は，2分の1の独立取締役の提議があれば，実施すべきであるなどの独立取締役の権力を一層強化している。

② 会議の進行と決議

　取締役秘書と監査役，執行役が会議に参加し，取締役の決議投票は一人一票であるが，最終開票は独立取締役の監督下で進行すべきである。これは議案の透明性を高めることだと考える。2名以上の独立取締役が可決議案に対し，不明確または材料が不充分であると表明した場合は，可決は取り消されて次回へと延期すべきであるという独立取締役の権限強化も見られる。

③ 会議内容の記録

　会議記録の内容には取締役はもちろん，取締役秘書と取締役以外の会議参加人による発言要点や主要意見も含まれ，保存期限は最低10年とする。これは会議の活性化を図る一方，企業不祥事が起きた場合の高い証拠となり，役員の業績審査にも使われる高い材料ともなる。

④ 会議内容の公布と執行

　議案情報は上場規則にしたがって開示すべきであるが，その前に個人利益のために議案情報を利用したり，他者に伝達したりすることは許されない。取締役は議案の実施状況を監督するほかに，次回の議会で前回の議案に関する執行状況を詳細に報告，検討することが求められ，会議の一層の効果性を図るところに特徴がある。

（出所）　上証所（2006）『取締役会議事模範原則』を基に，筆者作成

このような政府主導原則と証券取引所原則は，最終的に企業への浸透を図ろうとする。そして，企業が自社の経営環境に適合的とされる企業独自原則を策定し，その実効力を発揮していくことこそがコーポレート・ガバナンスを構築するうえで不可欠な要素となると考えられる。

2.3　コーポレート・ガバナンス原則の企業への浸透

ここでは，政府主導原則と証券取引所原則の企業への浸透過程を考察したい。その際，上場会社原則の策定において大きく参考とされたOECD原則についても触れなければならない。

その理由は、まず、OECD原則をめぐる先行研究として、平田（2001）と小島（2006）の論考があり、その研究成果として、OECD原則を世界標準として扱うことが可能であると認識されたことである。また、OECD原則は、アジア諸国や東ヨーロッパなどにおけるOECD非加盟国をも、対象として扱った内容であり、OECD非加盟国の一国である中国に対しても強い影響を与えることが可能であると考えられる。さらに、2007年3月29日に上証所とOECDが上海で共催した「中国におけるコーポレート・ガバナンス政策に関する対話会」によれば、証券取引所は政府機関ともにOECDを始めとする国際機関の経験を積極的に参考することを表明したことである（桂，2007）。

では、図表4を用いて、原則の企業への浸透過程を検討する。まず、政府主導原則は世界標準原則の強い影響を受けながら成熟化し、証券取引所原則の策定に基礎的情報を与えるのである。次に、証券取引所原則も世界標準原則の影響を受けつつ、政府主導原則を参考にしながら、最善の規範となる原則を策定するのである。加えて、政府主導原則と証券取引所原則は、相互に連携しながら企業へ浸透し、企業独自原則の形成に役立たせうるのである。最後に、企業独自原則が策定され、その実効力を発揮していくことによって、企業のコーポレート・ガバナンス関連問題が解決されることが可能だと考えられる。

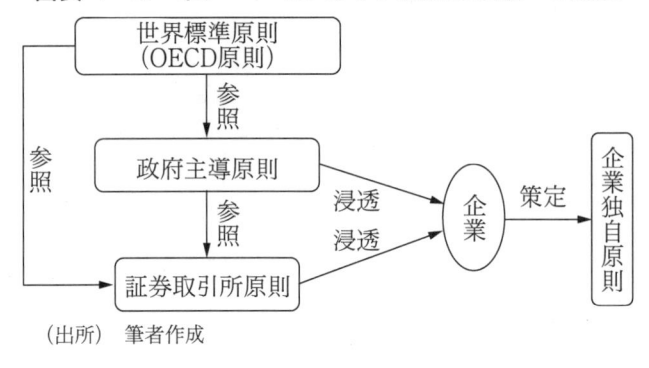

図表 4　コーポレート・ガバナンス原則の企業への浸透

（出所）　筆者作成

3　中国における企業独自原則と企業経営の健全性

3.1　上場会社と企業独自原則

冒頭で論じたように、中国の企業では2004年度後半から企業独自原則が活発に策定され始めた。そこで筆者は、中国最大の鋼鉄企業である宝山鋼鉄（以下「宝鋼」と言う）と、中国最大の不動産企業である万科企業（以下「万科」と言う）、そして民間銀行として初めて上場された民生銀行（以下「民生」と言う）の3社における企業独自原則を研究対象として扱うことに

中国企業におけるコーポレート・ガバナンス原則と有効な企業独自原則の本質と課題　91

する。その理由は，大きく以下の2点にまとめることができる。

　第1に，株式所有構造において，3社それぞれが異なる所有構造を形成しているが，企業成長は共に顕著である。具体的には，まず，2006年度末時点において，宝鋼は国家所有の非流通株が78％を占めている企業である。そして，万科は流通株が8割以上を占める中国最大の流通株割合を形成している企業である。また，民生は非流通株49.5％と流通株50.5％で構成されるように均等的割合を形成している企業である。このような大きく異なる株式所有構造であるにもかかわらず，近年における3社の企業経営は，ともに健全かつ著しい成長をみせつつある。[9]

　第2に，3社における企業経営機構の共通点として，まず，取締役会内に専門委員会が設置され，監査，報酬，指名委員会のうち，ほぼ全員が独立取締役より構成され，戦略委員会にも参加しているような独立取締役制度が重要である。そして，最高経営責任者の執行役会長と，これを監督する取締役会長とが分離されるような意思決定機能と執行機能の分離を図ることで，権力の拡大を防ぎ，企業の効率的なガバナンス体制を構築しようとしていることも共通の特徴である。

　こうした3社の健全な経営機構構造と役員の効果的な経営行動が企業価値を高めたと考えた場合に，その土台となるものとは何かを解明することが，3社を取り上げた主要な理由となる。

3.2　宝山鋼鉄の投資家関係管理原則

　宝鋼の企業独自原則には投資家関係管理原則を含む6つの原則がある。ここで，特に考察を加えたいのは，2005年12月に策定された投資家関係管理原則である。その理由は，多くの研究者が指摘するように，企業において国家所有の非流通株が大部分を占めていることは，少数株主の権利が侵害されやすいなどの問題が生じるため，非効率的経営をもたらすことになるとしているところにある。

　確かに，非流通株が多く占められている企業では，先進市場国における多数の株主による企業経営への監督に比べ，企業経営の監督役割が十分果たされないなどといった問題が存在すると言える。しかし，宝鋼の投資家関係管理原則のように投資家との利害関係を健全に構築しようとする指針が定められ，それを実効していく条件さえ整備されれば，必ずしも非効率的経営だとは言い切れないだろう。

　宝鋼の投資家関係管理原則は，7章22節より構成され，重要な内容をまとめると，図表5のように3項目となる（宝鋼，2005）。宝鋼が中国雑誌の新財経（2006）において，「2005年度最も尊敬される上場会社」と呼ばれたのも（新財経，2006：48-50），2006年11月版のイギリスの投資家関係雑誌において，「投資家関係最優秀進歩賞」を授賞されたのも（宝鋼，2006：12），投資家関係管理原則が土台となって，その実効力を発揮してきたことが原因の1つであると言

図表 5　宝山鋼鉄の投資家関係管理原則

① 目的と基本原則
本原則は投資家の利益を高度に重視する一方，投資家との対話を充実させ，投資家尊重の文化を構築することを目的とする。投資家に真実な情報を，公平かつ適時に開示することを約束し，すべての投資家を平等に扱い投資家の意見や苦情を積極的に収集することを大原則とする。
② 対話内容と方式
対話内容には一般会計情報の公開に限らず，企業戦略や発展方向，競争戦略や経営方針，企業文化の構築も含まれる。対話方式は株主総会以外に，投資家大会を定期的に開催し，マスコミのみならず，電話やファックス，電子メールやネット対話，さらに「一対一」会談も設ける。
③ 管理組織と社内教育
取締役会長を管理組織の第1責任者とする。管理組織は適切な方式で，社内幹部と全従業員に対し，投資家尊重の意識を高めるような相関知識の教育に積極的に取り組むことにする。

（出所）　宝山鋼鉄（2005）『投資家関係管理原則』を基に，筆者作成

えよう。

3.3　万科企業株式会社の執行役会長業務原則

　万科の企業独自原則には執行役会長業務原則を含む6つの原則がある。ここでは，2004年12月に策定された執行役会長業務原則を考察する。その理由は，中国における連日の企業不祥事を見ると，1つは執行役会長が自己利益を満足させるため，倫理性を失った行為を犯すこ

図表 6　万科企業の執行役会長業務原則

① 執行役会長の権限と業務手順
執行役会長は，取締役会に必ず参加することと，臨時取締役会の開催を提案する権利を持つ。重大投資プロジェクトは，投資と策略委員会の承認を必要とし，プロジェクトの執行担当者や監督者を明確にし，定期的に実施状況や監査項目を報告することになる。
② 執行役会長の責任
執行役会長は従業員の給与や福利，労働保険などの利害に関わる問題を制定・改訂する際に，事前に労働組合の意見を聴取する。従業員の育成や教育を強化し，従業員に十分な成長空間を与え，積極性と創造性を十分に生かせるような企業文化を創造するために努力すべきである。
③ 執行役会長の禁止行為
執行役会長は当社の業種と同類の会社を経営するのを禁じ，賄賂，不法収入，会社財産の占用と流用などの不法行為に関わってはいけない。また，取締役会の同意を得ずに，当社の株主と担保や情報提供などの行為があってはならない。

（出所）　万科企業（2004）『執行役会長業務原則』を基に，筆者作成

とである。もう1つは執行役会長の無能さにより，会社の実力を上回る投資行動などを取ることによる企業破綻が生じることである。すなわち，収まらない企業不祥事の背後には，執行役会長の違法経営や無能経営があったことは疑う余地がない。そのため，執行役会長への規律づけを意味するガバナンス論が注目されるが，もっとも執行役会長の正当な行動指針が基盤となり，その実効力を発揮することが重要である点も見逃してはならない。

万科の執行役会長業務原則は，7章22条より構成され，重要な内容をまとめると，図表6のように3項目となる（万科，2004）。万科が中国雑誌の新財経（2006）において，「最優秀コーポレート・ガバナンスシステムを持った会社」と呼ばれたのも，2006年度までに3年連続の「中国最優秀企業市民」称号を獲得したのも，企業独自原則の策定と，その実効力を発揮するような揺れない基盤があってこそ，達成できたと言っても差し支えないだろう（新財経，2006：46-47）。

3.4　中国民生銀行の独立取締役業務原則

民生の企業独自原則には独立取締役業務原則を含む11個にのぼる原則がある。ここで，2005年6月に公表された独立取締役業務原則を考察する。その理由は，中国で最初に上場会社ガバナンス価値を高めることを目的に設立された連城国際研究顧問集団の2006年度におけるコーポレート・ガバナンス評価報告によれば，民生は取締役ガバナンス価値の評価においてトップの座を獲得しており，それを推し進めたのが独立取締役業務原則であると考えられることである。

民生の独立取締役業務原則は，8章33条より構成され，重要な内容をまとめると，図表7のように3項目となる（民生，2005）。連城国際代表である王中傑は，「民生の取締役は，社会的責任を強く意識し，健全な細則を基に実効力を発揮しているため，企業経営機構の運営効率は最高だと言える」と評価している（任亮，2006）。

小島（2004a）は，企業不祥事への対処と企業競争力の強化とを目的に，企業経営目標と企業経営機構改革との両者を持ち合わせた原則が企業独自原則であるとしている（小島，2004a：171-172）。

そこで，既述した中国の企業独自原則を振り返ると，まず，宝鋼の投資家関係管理原則は株主尊重主義を構築することを目的に，社内全員の投資家に対する尊重意識を高めようとする内容であった。次に，万科の執行役会長業務原則は企業不祥事の防止と企業競争力の強化を目的に，執行役会長の経営の正当性と厳格な説明責任を要求し，従業員と良き労使環境を創造しようとする内容であった。そして，民生の独立取締役業務原則は独立取締役のモニタリング機能の強化を目的に，権力の配分と監督体制，そして企業経営へも積極的に参加できるような環境を作り上げようとする内容であった。すなわち，3社における企業独自原則は，ともに企業経

図表 7　中国民生銀行の独立取締役業務原則

① 独立取締役の指名要項と就任条件
指名人は被指名人の職業や学歴，経歴や兼任などを十分に理解し，詳細に説明したうえで資格と独立性について明確な意見を提示する。また，両者の関係が独立性に影響がないことについて誓を立てる。独立取締役の人数を3分の1以上に守り，少なくとも1人は会計専門家にする。免職される場合はその理由が不当だと認識すれば，公開的声明が可能となる。
② 独立取締役の権利と義務
重大取引は独立取締役の認可を得てから議論するが，報告内容の認可判断を事前に仲介機構や独立財務顧問を招聘して依拠することができる。専門委員会の召集人は独立取締役が担当し，取締役会の決議が違法であっても反対意見を出さない場合，厳重な処分として失職とする。
③ 独立取締役の業務執行に対する支援
取締役会で討論する事項を事前に独立取締役へ提供し，会議中で資料が不充分だとした場合は会議を延期することになる。独立取締役が権限を行使する時，ほかの役員は必ず援助し，拒絶，妨害，隠しごまかすことなどは絶対許されない。独立取締役が仲介機構を招聘する際にかかる費用はすべて企業負担となる。独立取締役の危険性を考慮して，責任保険制度を提供する。

（出所）　民生銀行（2004）『独立取締役業務原則』を基に，筆者作成

営目標と経営機構改革との両者を持ち合わせたものである。そのため筆者は，こうした原則を小島（2004a）が提唱している企業独自原則であるとして，論を展開してきたのである。

4　企業独自原則の必要性と今後のあり方

4.1　企業独自原則の必要性

　そもそも，コーポレート・ガバナンス問題は経営者の不正や無能力により，企業不祥事が続発し，企業競争力が低下する背景が発端となっていると言われている。これらは結局，従業員のモラル低下や顧客の離れ，株価の下落や環境汚染，ときとして社会全体にも影響が及ぶのである。そこで，直接あるいは間接的に損害を被る諸利害関係者は，経営者に対し厳しい制約を要求するようになってきた。

　このようななかで，経営者は厳しい制約を乗り越えて自由な経営を行おうとするならば，株主を含む諸利害関係者との信頼関係を構築する必要がある。[10] しかし，信頼関係というのは長期間にわたる経営者による健全な企業経営と，それにともなう企業価値の向上がなければ，達成することはできないと言われている。そこで必要なのは，経営者自らが社内外に向けて，積極的に自分の経営行為の正当性を主張するツールとなる企業独自原則であると考えられる。

　平田（2001）の「コーポレート・ガバナンス問題はつまるところ経営者問題に他ならない」

と，小島（2003 b）の「コーポレート・ガバナンス問題は経営者問題が中心となり，この問題を抜きにしては論じることも，実践することもできない」とは，まさに経営者が自分の正当性を主張する必要性を示唆し，それがコーポレート・ガバナンス改革の本質であると考えられる（平田，2001：34；小島，2003 b：30）。

したがって，企業経営者は自社の経営環境に適合的とされる企業独自原則を策定し，それに基づく倫理性に徹した企業経営を行うことこそが，社会に信頼される企業として評価され，企業価値の向上にもつながることが可能であると断言しても異論はないだろう。

4.2　中国における企業独自原則の問題点と今後のあり方

とはいえ，中国における多くの上場会社では企業独自原則が策定されているものの，信頼関係はもちろん，経営成績にさえ反映されてこなかったのである。このことは，企業独自原則は，必ず自社の遵守能力の範囲内に収容させられるものでなければならないことと，その実効力が重要であることを教えてくれる。

この点を考えて中国における企業独自原則の問題点を整理すると，まず，企業独自原則には企業の遵守能力を上回るような細かい原則が多く，企業経営への応用には長い時間がかかるのである。そのため，原則を自社の経営環境に適合的とされる最低限の必要なものとし，できるだけシンプルな形にしておいたほうが良好な効果があると考えられる。次に，多くの企業独自原則は政府機関と証券取引所による厳しい要求や指示のもとで受動的立場に立って策定されたため，実効力のない形式的な原則になってしまった。そのため，経営者が主導的立場に立って原則の策定と向き合わなければならない。加えて，原則を機械的に適用するのではなく，常に変化させ自社の実態に合わせながら有効性を構築する必要がある。

以上の問題をもとにして，企業独自原則のトータル的策定プロセスを提案すると，図表8が示している流れとなる。

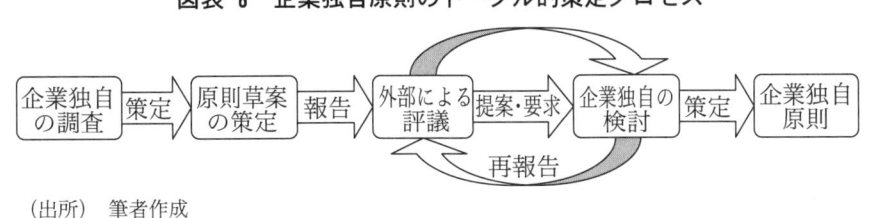

図表 8　企業独自原則のトータル的策定プロセス

企業独自の調査 →策定→ 原則草案の策定 →報告→ 外部による評議 →提案・要求→ 企業独自の検討 →策定→ 企業独自原則
（外部による評議 ←再報告← 企業独自の検討）

（出所）　筆者作成

(1)　企業独自の調査：取締役会を中心に，自社に存在するコーポレート・ガバナンス関連問題を徹底的に調査し，対処法を探る。

(2)　原則草案の策定：自社が直面する経営環境や経営能力が把握できたうえで，調査によ

り現れた諸問題と対処法に基づき，有効だと思われる遵守可能な原則草案を策定し，企業外部に報告する。
(3) 外部による評議：企業外部は，株主総会と証券取引所，政府機関と市民団体をも含むことにする。[13] 外部による評議を通じて，草案に対する厳しい意見が寄せられると同時に，良い提案や要求なども寄せられることが期待できる。
(4) 企業独自の検討：外部より寄せられた意見や提案についての詳細な検討を経た後，草案を修訂して再報告するが，外部による最終承認を獲得するまでには，(3)と(4)を継続して繰り返す必要がある。
(5) 企業独自原則：最終的に，自社の経営環境に適合的とされる遵守可能な企業独自原則が策定され，その実効力を追求することが主要な任務となる。さらに進めば，原則の実行にともなう評価や修訂体制も必要となる。

すなわち，企業独自原則は企業自らの調査を経て策定されるため，自社の経営環境に適合的とされるものになると言える。そして，外部による評議により寄せられた提案や要求を参照して策定されるため，正当性に疑問が少なくなる。さらに，経営者が主導的立場に立って策定するため，遵守可能な範囲内に収められ，高い実効力を発揮することが可能だと考えられる。

おわりに

本稿では，中国における企業独自原則を企業経営の有効性とともに考察し，企業独自原則の本質と改善策を検討した。最終的に，企業独自原則の策定とその実効力を土台とする企業経営が健全な企業経営機構を構築し，諸利害関係者との信頼関係を構築し，企業価値を高めることを可能にする，と言う結論を導き出した。

日本においても，小島（2004 a，2004 b）が指摘した帝人グループと住友商事の原則から見ると，企業独自原則が着実に注目を浴びつつあると言える（小島，2004 a：163-170；2004 b：368-370）。しかし，その普及率や内容の具体性などはいまだに中国の企業に及ばないのである。

確かに，中国企業は，日本企業よりはるかに深刻な環境破壊を引き起こし，人権問題や食品・製品の安全性問題，経営者と政府官僚の癒着問題や経営者による会社資産の横領問題などが起きている。しかし，本稿で取り上げた一部の企業に限っては，自主的に企業独自原則を策定し，その実効力を発揮していくことが，明らかに企業経営の有効性と社会的高評価といったコーポレート・ガバナンス問題の解決につながったのである。そのため，日本企業のコーポレート・ガバナンス改革にとって，本稿で論じた中国における企業独自原則の概要は，少しでもモデルとしての役割を果たすのではないか，と考えられる。

そして，今後の課題として，以下の3つが挙げられる。1つ目は，なぜ，中国では企業独自

原則が多くの企業に普及しているのに，日本企業では普及していないのか，という「比較経営学」的観点からの研究である。2つ目は，本稿で取り上げた3つの企業独自原則から見られる株主尊重主義と経営者の経営の正当性と説明責任，そして独立取締役のモニタリング機能をそれぞれ別個に帰納的に抽出していたのである。今後は，それらの企業への貢献度の大小と相互依存関係の究明，およびそれぞれ単独で企業経営の有効性の向上の原因になりうるのかをより突き詰めて考えることが，重要な課題となる。

最後の3つ目は，企業独自原則の実効力については未だに明快な検証がなされていなく，その実効力が発揮されるには何が必要なのか，といった問題意識である。確かに，企業独自原則以外にも，政府機関や証券取引所などから策定された多くの企業法制度が存在する。しかし，それらを遵守しない経営者が大勢いるからこそ，企業不祥事は収まらないのである。この問題は，まさに企業独自原則の実効力に関する問題と同一視すべきである。つまり，企業倫理やコンプライアンス，そしてCSRなどといった一連の崇高な経営思想を持った経営者を育成することが，コーポレート・ガバナンス問題が解決される重要な要因となり，企業独自原則もその一部の役割を果たしていくことが，肝要な課題となると考えられる。(14)

〈注〉
(1) 1993年に実施された「近代的企業制度」の内容は，主に，所有権の帰属，財産権と所有責任の明確化，政企分離，科学的管理制度の形成，という4つの改革目標を中心に構成された。
(2) 中国のコーポレート・ガバナンス問題はすでに多くの研究者より究明されているが，平田（2004）と平田・葉（2006）で多くの中国研究者より指摘された問題がもっとも典型的であると考える。
(3) 小島（2003a）p.93は，原則の目的を企業不祥事への対処と企業競争力の強化に設定し，有効な企業経営機構を構築し，諸利害関係者との利害調整を達成する健全なコーポレート・ガバナンス構築を実現するものであるとした。
(4) 中国では企業が独自に策定する原則を，「コーポレート・ガバナンス細則」と呼んでいる。しかし本稿では，先行研究を引き継ぎ，企業独自原則として論を展開する。
(5) 証監会と経貿委は，上場会社原則を基に，上場会社におけるコーポレート・ガバナンスの実施状況の検査なども行っていたため，上場会社に対し十分な拘束力を持つと言える。
(6) 上場規則などの証券取引所原則は，機能上または内容上において，政府主導原則と重なる条項もあるため，両原則を同一視することも可能であると考える。なお，本稿では，中国におけるコーポレート・ガバナンス原則を，読者によりわかりやすく伝えるために，分類することにした。
(7) 平田（2001）は，OECD原則をデジューレ・スタンダード（公的標準）であるとしている。
(8) 儲（2001）によれば，上場会社原則は，会社法や証券法などの法律に基づき，OECD原則を参照しながら，中国上場会社の実態を考慮したうえで，策定されたとしている。
(9) 3社の2004年度から2007年第1・四半期までの経営指標によれば，宝鋼はEPSとROEのみ，万科はBPSとEPSのみ，民生はBPSのみが自己資本の拡大や大量な非流通株の放出より，若干下がっているものの，それ以外のすべての指標は右肩上がり趨勢を示している。
(10) 山縣（2007：150）は，企業経営における信頼の役割を，「さまざまな利害関心をもつ個人ないし集団とのあいだに信頼関係を構築することで，企業発展を妨げるような行為を何らかの利害集団がとる

危険を一定の程度で回避しうる可能性が生じる」と指摘している。
（11） 中国における多くの上場会社が共用する企業独自原則としては，株主総会議事原則と取締役会議事原則，監査役会議事原則と情報開示管理原則がある。
（12） 中国では企業独自原則に対し，「厳しすぎる，多すぎる，細かすぎる」との3つのすぎる問題があると言われている。詳しくは，上証所研究中心（2006）の摘要部分を参照のこと。
（13） 企業外部に市民団体を加えた理由として，小島（2007）におけるコーポレート・ガバナンスへの市民統治の要請が挙げられる。
（14） 平田（2007：18）は，コーポレート・ガバナンス問題を解決するには，優れた人間教育と倫理観に裏打ちされた革新的な経営者や従業員を育てていくことが重要だと指摘している。

〈参考文献〉

金山権（2007a）「外部監視とコーポレート・ガバナンス」佐久間信夫編『コーポレート・ガバナンスの国際比較』税務経理協会，pp.167-184。
金山権（2007b）「アジア―中国企業モデルと経営理論」経営学史学会編『企業モデルの多様化と経営理論―21世紀を展望して―』文眞堂。
菊池敏夫・平田光弘（2000）『企業統治の国際比較』文眞堂。
小島大徳（2007）『市民社会とコーポレート・ガバナンス』文眞堂。
小島大徳（2006）「世界標準コーポレート・ガバナンス原則の誕生と概念―国際会議のコーポレート・ガバナンスに関する合意と役割―」『国際経営フォーラム』第17号，神奈川大学国際経営学会，pp.109-126。
小島大徳（2004a）『世界のコーポレート・ガバナンス原則』文眞堂。
小島大徳（2004b）「21世紀におけるコーポレート・ガバナンス原則の研究課題」『東洋大学大学院紀要』第39集，東洋大学大学院，pp.357-374。
小島大徳（2003a）「コーポレート・ガバナンス原則の体系化―原則に関する研究領域と研究課題―」『東洋大学大学院紀要』第38集，東洋大学大学院，pp.87-108。
小島大徳（2003b）「コーポレート・ガバナンス原則と企業の実践―企業独自原則の策定を目指して―」『日本経営学会誌』第9号，pp.26-40。
平田光弘（2007）「日本のコーポレート・ガバナンスを考える」『星城大学経営学部研究紀要』第3号，pp.5-26。
平田光弘・葉剛（2006）「違規から合規へ：新段階に入った中国のコーポレート・ガバナンス―第3回コーポレート・ガバナンス国際シンポジウムに参加して―」『月刊監査役』第571号，日本監査役協会，pp.32-45。
平田光弘（2004）「燃えさかる中国のコーポレート・ガバナンス―第2回コーポレート・ガバナンス国際シンポジウムに参加して―」『月刊監査役』第486号，日本監査役協会，pp.64-74。
平田光弘（2001）「OECDのコーポレート・ガバナンス原則」『経営研究所論集』第24号，東洋大学経営研究所，pp.277-292。
山縣正幸（2007）『企業発展の経営学―現代ドイツ企業管理論の展開―』千倉書房。
王輝・劉雲華（2001）「中国のコーポレート・ガバナンス原則の策定と企業改革の推進―WTO，企業発展とコーポレート・ガバナンス原則検討会の要約―」『南開管理評論』第4巻1号，pp.38-41。
桂敏杰（2007）「重大改進を目指す上場会社における管理制度」『証券時報』4月2日。
上海証券取引所（2007）『上海証券取引所統計月報―2007年5月版』。
上海証券取引所（2006）『取締役会議事模範原則』。
上海証券取引所研究中心（2006）『中国のコーポレート・ガバナンス報告（2006）―国有持株の上場会社コーポレート・ガバナンス―』復旦大学。

証券監督管理委員会（2002）『中国上場会社コーポレート・ガバナンス原則』。
新財経雑誌社編集部（2006）『新財経―きれい50』1月号，第70期，新財経雑誌社有限会社。
儲誠忠（2001）「コーポレート・ガバナンスの強化と良好な形象の確立」『証券時報』9月13日。
南開大学中国コーポレート・ガバナンス原則研究課題組（2001）「中国コーポレート・ガバナンス原則（草案）と解説」『南開管理評論』第4巻1号，pp.9-24。
任亮（2006）「上場会社を診断する，民生銀行が取締役ガバナンス価値のトップとなる」『第一財経日報』8月24日。
宝山鋼鉄（2007）『2007年度第1・四半期報告』
宝山鋼鉄（2006）『2006年度年度報告』
宝山鋼鉄（2005）『投資家関係管理原則』
万科企業（2007）『2007年度第1・四半期報告』
万科企業（2006）『2006年度年度報告』
万科企業（2004）『執行役会長業務原則』
民生銀行（2007）『2007年度第1・四半期報告』
民生銀行（2006）『2006年度年度報告』
民生銀行（2005）『独立取締役業務原則』

Principles of corporate governance in China and the nature and subject about original principles in Chinese companies

Kanagawa University

XUAN Jing zhe

ABSTRACT

The purpose of this paper is to make it clear that how the original principles of Chinese companies are reflected on their management.

In order to solve some of the corporate governance problems, many countries and organizations in the world have established the corporate governance principles. However, it is said that the best way for solving a company's special problems is to establish its own corporate governance principles, according to its special business environment. For the Japanese companies, which are lack of independence of creating original corporate governance principles, the original corporate governance principles in Chinese companies can become good samples.

In the end, I emphasize the originality of corporate governance principles of companies, and analyse some problems which are not solved yet, and suggest a plan for improving them.

大会記録

日本経営教育学会 第55回 全国研究大会プログラム
統一論題「プロフェッショナリズムと経営教育」

6月29日（金）
　14：00～16：00　企業見学　日本電気株式会社　NEC玉川ルネッサンスシティ
　　　　　　　　　集合13時40分　NEC玉川ルネッサンスシティ　S棟2階受付
　18：00～20：00　理事会　会場：青学会館（青山学院大学東門隣，2階校友会室A）

6月30日（土）
　9：00～16：00　受付　ガウチャー・メモリアル・ホール（会員控室：ガウチャー館5階 第13会議室）
　9：30～ 9：40　開会挨拶　日本経営教育学会会長　小椋康宏
　9：40～10：20　会員総会　ガウチャー・メモリアル・ホール
　10：30～16：10　統一論題報告（報告35分，討論15分，計50分）

10：30～11：20	統一論題1　ガウチャー・メモリアル・ホール
報告者	谷内篤博（文京学院大学）
報告テーマ	プロフェッショナル志向の高まりとキャリア形成
司会者	佐々木利廣（京都産業大学）
11：30～12：20	統一論題2　ガウチャー・メモリアル・ホール
報告者	岩崎嘉夫（株式会社前川製作所顧問・前専務取締役）
報告テーマ	前川製作所の組織と人材育成：独法から1社体制への新たな展開を踏まえて
司会者	吉田優治（千葉商科大学）

12：20～13：20　昼　食（申込弁当受渡室：会員控室）

13：20～14：10	統一論題3　ガウチャー・メモリアル・ホール
報告者	松尾睦（小樽商科大学）
報告テーマ	経験からの学習：プロフェッショナルへの成長プロセス
司会者	井沢良智（九州産業大学）
14：20～15：10	統一論題4　ガウチャー・メモリアル・ホール
報告者	角忠夫（株式会社むさし野経営塾塾長・松蔭大学大学院教授）
報告テーマ	産学連携むさし野地域経営塾の実践：中小企業向けプロフェショナル経営者の育成法
司会者	井之川義明（株式会社マルチメックス）
15：20～16：10	統一論題5　ガウチャー・メモリアル・ホール
報告者	杉田あけみ（千葉経済大学短期大学部）
報告テーマ	企業におけるジェンダー平等を推進していく人材の育成
司会者	小島芳次（静岡文化芸術大学）
16：30～17：30	特別講演　ガウチャー・メモリアル・ホール
報告者	鹿島浩之助（日本電気株式会社　取締役執行役員専務）
報告テーマ	NECの経営戦略
司会者	森川信男（青山学院大学）

　18：00～20：00　懇親会　会場：青学会館（青山学院大学東門隣，地下2階サフラン）

7月1日（日）
　9：00～13：00　受付　ガウチャー館3階ロビー（会員控室：ガウチャー館5階 第13会議室）
　9：30～11：10　パネルディスカッション（報告25分，ディスカッション40分，総括10分，計100分）

9：30～11：10	第1セッション A会場 15305教室 【イノベーション】	第2セッション B会場 15306教室 【キャリア・デザイン】	第3セッション C会場 15309教室 【教育訓練】
報告者（2名）	①奥山雅之（東京都産業労働局） ②福田昌義（日本大学）	①須田敏子（青山学院大学） ②一守靖（日本ヒューレット・パッカード株式会社）	①逸見純昌（松蔭大学） ②井上福子（ティファニー＆カンパニージャパン）
報告テーマ	①ものづくり中小企業におけるイノベーションと人材育成 ②社会起業家とソーシャルイノベーション	①ビジネス・スクールの現場からみたキャリア・デザインの実態 ②ヒューレット・パッカードにおけるキャリア・デザインの取り組み	①日本企業における教育訓練について ②外資系企業におけるリーダーシップの育成について
コーディネータ(兼司会)	柿崎洋一（東洋大学）	宮下清（首都大学東京）	小澤一郎（専修大学）

11：20～16：00　自由論題報告（報告25分，コメントおよび質疑15分，計40分）

11：20～12：00	A会場 15305教室	B会場 15306教室	C会場 15309教室
第1セッション （第1・2・3報告）	高橋公夫（関東学院大学）	片山善行（四国大学）	平田光弘（星城大学）
報告テーマ	中国の近代化イデオロギーと経営思想	海外子会社のガバナンスに関する一考察	オムロン、京セラおよび松下のCSR活動と人材教育
司会者	服部治（金沢星稜大学）	小山修（札幌大学）	上野哲郎（和光大学）
コメンテータ	鈴木岩行（和光大学）	笠原伸一郎（専修大学）	水尾順一（駿河台大学）

12：00～12：50　昼食（申込弁当受渡室：会員控室）

12：50～13：30	A会場 15305教室	B会場 15306教室	C会場（院生セッション）
第2セッション （第4・5・6報告）	八杉哲（光産業創成大学院大学）	吉村孝司（明治大学）	藤井辰朗（東洋大学大学院）
報告テーマ	学生による起業事例の研究：魔の川を越える条件	ニューロマネジメントの提起	自社株買戻しに関する一考察
司会者	寺澤朝子（中部大学）	三浦庸男（埼玉学園大学）	高田雄司（福山大学）
コメンテータ	河西邦人（札幌学院大学）	高橋成夫（新潟産業大学）	佐久間信夫（創価大学）
13：40～14：20	A会場 15305教室	B会場 15306教室	C会場（院生セッション）
第3セッション （第7・8・9報告）	小野瀬拡（九州産業大学）	中村久人（東洋大学）	岡部勝成（広島大学大学院）
報告テーマ	ベンチャー企業の存立の意義	JR東日本の駅ナカ・ビジネスの展開とsuicaの導入	経営意思決定に対するキャッシュ・フロー計算書の影響：福岡県における中小企業を中心にして
司会者	林悦子（神奈川大学）	竹内慶司（高千穂大学）	横田章憲（自由が丘産能短期大学）
コメンテータ	佐々徹（横浜商科大学）	櫻澤仁（文京学院大学）	篠原淳（山口大学）
14：30～15：10	A会場 15305教室	B会場 15306教室	C会場（院生セッション）
第4セッション （第10・11・12報告）	趙偉（中部大学）	古市承治（福岡国税局）	シュレスタ ブプール マン（創価大学大学院）
報告テーマ	ハイブリッド型経営者の概念に関する一考察	公会計における環境会計の必要性について	企業業績におけるコーポレート・ガバナンスの影響：実証分析―日本企業の事例―
司会者	佐藤一義（立正大学）	小林麻理（早稲田大学）	樋口弘夫（和光大学）
コメンテータ	増田幸一（九州共立大学）	亀川雅人（立教大学）	小川達也（東京富士大学）
15：20～16：00	A会場 15305教室	B会場 15306教室	
第5セッション （第13・14報告）	研究プロジェクト報告 吉村宗隆（羽衣国際大学）他	研究プロジェクト報告 松村洋平（青森中央学院大学）他	
報告テーマ	社会人大学院に関する実態調査	経営の法的側面に関する研究	
司会者	齊藤毅憲（横浜市立大学）	酒井甫（青森中央学院大学）	

16：00～16：05　閉会挨拶　日本経営教育学会組織委員長　加藤茂夫

「編集後記」にかえて

　日本経営教育学会の機関誌は，「経営教育年報」を経て10年間，機関誌の形態で発行してまいりましたが，2007年度から，以下のような趣旨によりジャーナルとして一新し，年間2回発行することになりました。

① 本学会のアイデンティティに適合するように，全国研究大会での統一論題を基本に展開してきた本学会の研究成果を，ジャーナルを通して迅速に社会にアピールする。

② 論文発表（投稿）の機会を多くして，会員が研究の真価を発揮することはもとより，若手研究者の育成を促進する。

③ 山城賞や奨励賞の授賞者の広がりを図る。

　作成期間がやや短縮になり，このような趣旨に十分に添うことが出来たか自信はありませんが，ジャーナルの第1号が出来上がりました。本号には，依頼論文4本と投稿論文3本の玉稿を掲載し，また，ジャーナルの編集方針に沿って，本年度上期の主たる活動として第55回全国研究大会プログラムも掲載しました。

　依頼論文は，全国研究大会をベースに特集とした研究論文を小椋康宏，佐々木利廣，谷内篤博，奥山雅之等の諸先生にお願いいたしましたところご多忙中にもかかわらずご執筆をいただき深謝申し上げます。

　投稿論文は，それぞれのテーマは多彩ですが，よくまとまった内容の深いものを掲載することができました。投稿いただいた個々の論文テーマに対応した専門分野の先生方に，査読のご依頼をいたしましたところ献身的かつ厳正な査読評価をいただきました。ご多忙中にもかかわらず，ご協力いただきました査読の諸先生には，衷心よりお礼申し上げます。

　残念ながら今回掲載にいたらなかった論文も数本ありましたが，投稿された皆様には査読者の指摘を参考にされ，再投稿を目指して今後の研鑽に努められますよう祈念致します。

　編集に際しましては，森川信男機関誌委員長をはじめ編集委員の方々には，企画から編集業務まで多くの時間と労力を割いていただきました。深く御礼申し上げます。また，ジャーナル発行に際しては並々ならぬご協力をいただきました，学文社の田中千津子社長他スタッフの皆様にもお礼申し上げます。

　最後に，事務処理に関して，多大なご尽力をいただきました本学会事務局の寿康三氏にも心より感謝を申し上げます。

2008年1月

日本経営教育学会機関誌委員会
副委員長　酒井勝男

日本経営教育学会機関誌委員会
　委員長　森川　信男
　副委員長　酒井　勝男
　委　員　岩井　清治　　海老澤栄一
　　　　　太田　三郎　　河野　大機
　　　　　手塚　公登　　西田　芳克
　　　　　平田　光弘　　松本　芳男
　事務局　　寿　康三
　〒102-0072　東京都千代田区飯田橋4-8-4
　　　　　　　（株）山城経営研究所内
　　　　　　　TEL：03-3264-2100
　　　　　　　FAX：03-3234-9988
　　　　　　　E-mail：name@kae-yamashiro.co.jp
　　　　　　　http://www.j-keieikyoiku.jp/

経営教育研究 Vol. 11 No. 1──プロフェッショナリズムと経営教育

2008年2月20日発行

編集・発行　日本経営教育学会機関誌委員会
発売　株式会社 学文社
〒153-0064　東京都目黒区下目黒3-6-1
Tel. 03-3715-1501　Fax. 03-3715-2012
http://www.gakubunsha.com

ISBN 978-4-7620-1760-5

© 2008 NAME Printed in Japan